Preface
前言

This book is a set of Chinese learning materials for zero-based Chinese learners, compiled by hundreds of teachers from Han Da International Chinese Institute after years of overseas Chinese teaching experience. It aims to help students speak Chinese as fast as they can. After 45 hours of study, more than 600 words can be mastered. Each new word in the textbook has extended example sentences or phrases. Many of the vocabulary involved in the expansion are learned in the previous texts, which can better help students memorize and understand what they have learned. At the same time, the BSC textbook also systematically teaches Chinese pronunciation rules and Chinese writing rules, and is accompanied by 500 commonly used Chinese character copybooks, the vocabulary and grammar involved in the book are completely covered in HSK 1 and 2 level. The content of this textbook is practical, interesting and logical. It is not only easy for students to understand and learn, but also easy for teachers to teach. It can also effectively improve learning efficiency. It can save time and money nearly three times of odrninary Chinese study course.

For people who want to study in China:

After 45 hours' study, students can continue learning the higher level course for 90 hours which covers nearly all contents of HSK3. Then they can come to China and start 3 months advanced Chinese learning of HSK3-4. When your Chinese language level reaches HSK4, it will greatly improve the opportunity to obtain a scholarship in China.

这套教材是由汉大国际中文机构的数百名老师经过多年海外中文教学经验积累而总结编辑的一套零基础中文者的口语学习教材，旨在帮助学生以最快的速度开口说中文，经过45个小时的学习可以掌握到600多个词汇。教材中的每一个生词都有扩展的例句或短语，扩展中涉及的词汇很多都是前面课文中学过的，这能更好地帮助学生记忆和理解所学内容。同时，BSC教材还系统地教授中文的发音规则和汉字的书写规则，并附有常用500个汉字的字帖，而书中所涉及的词汇和语法完全涵盖HSK1、2册内容。本教材的课文内容实用、有趣、逻辑性强，不仅学生易懂易学，老师易授课，还能有效提高学习效率，这套教材可以帮助中文学习者节省三倍的学习时间和金钱。

希望赴华留学的人士：

学习45小时的初级课程后，可以继续学习90小时的中文进阶课程，进阶课程涵盖了HSK3课程全部内容，也可赴华轻松地开始3个月的中高级中文的学习（HSK3-4）。中文达到HSK4水平后，会极大提高获得在华留学奖学金的机会。

我们会用简单的英语授课。

课文英语翻译以汉语语序为主，非英语语法。

Teachers will use simple and easy English.

The English translation of text is in Chinese sentence sequence, not according to English grammar.

目录/list

Understanding Chinese Characters 了解汉字 --------3

第四单元 16-20 课　　Unit 4　Lesson16-20

第十六课　和你去旅游
Go traveling with you --------12

第十七课　送你去火车站
Take you to the train station --------30

第十八课　为你过生日
Celebrate birthday for you --------39

第十九课　红苹果，苦咖啡
Red apples, bitter coffee --------51

第二十课　她有一双黑色的大眼睛
She has a pair of big black eyes --------65

第五单元 21-25 课　　Unit5　Lesson21-25

第二十一课　饺子和面包
Dumplings and Bread --------70

第二十二课　一起吃烧烤吧
Let's have a barbecue together --------80

第二十三课　真香！
Really tasty! --------91

第二十四课　你家在哪儿？
Where is your home? --------100

第二十五课　我喜欢做运动
I like doing exercise --------114

第六单元 26-30 课 Unit 6 Lesson26-30

第二十六课　复习 准备考试
Review: Preparing for the exam --------122

第二十七课　综合复习-1
Comprehensive review-1 --------126

第二十八课　综合复习-2
Comprehensive review-2 --------131

第二十九课　HSK2 练习
HSK2 Practice --------135

第三十课　 HSK2 模拟测试
HSK2 Mock test --------139

About Characters 关于汉字

What do you think these figures look like?

汉字 Characters

nǐ	hǎo
你	好

Jī chǔ bǐ huà

基 础 笔 画

Basic strokes of Chinese characters

héng

横

horizontal

yī

one

single-component character

èr
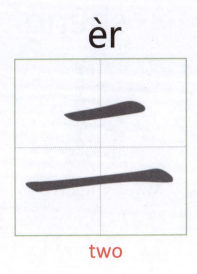
two

sān

three

shí
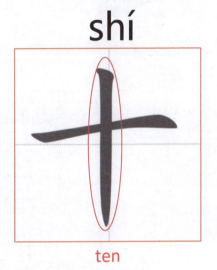
ten

shù

竖

vertical

single-component character

shàng

up

piě
撇
left-falling

single-component character

nà
捺
right-falling

shēng

be born

qiān

thousand

rén

people

gè

measure word

bā
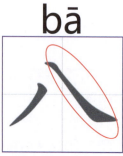
eight

dà

big

bǐ shùn
笔 顺
Stroke Order

从上到下，从左到右

Top to bottom and left to right.

先横后竖，先撇后捺

Horizontal to vertical and left-falling to right-falling.

diǎn
点
dot

single-component character

tài

too, too much

bù

no, not

xià

down

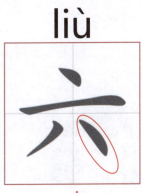

liù

six

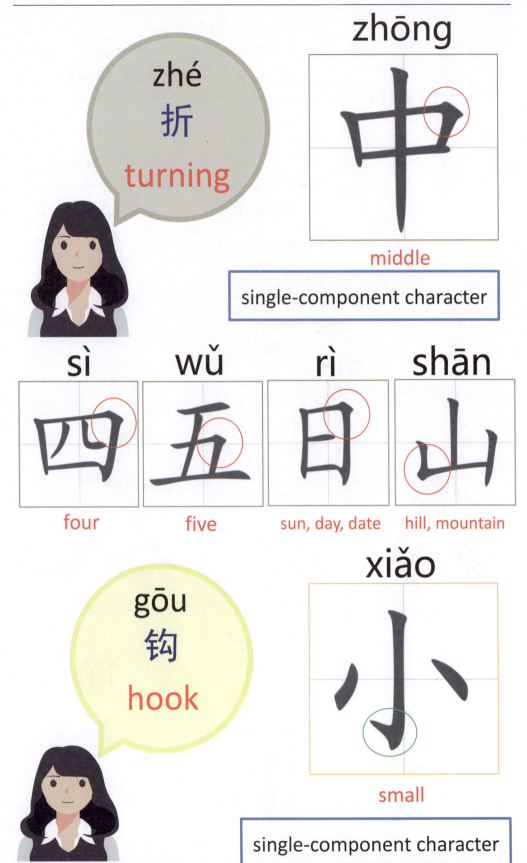

| 独体字 single-component character | shuǐ  water | mén  door |

| wǒ  I, me | shǒu  hand | yuè  moon, month |

| le 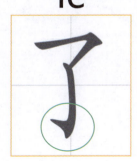 uesed after the verb or adj. to indicate completion or change. | zǐ  son, an suffix | |

| 左右结构 left-right structure | hǎo  good |

9

wān gōu
弯 钩
curved hook

qī
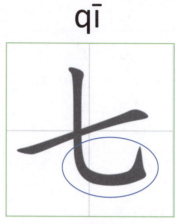
seven

独体字 single-component character

jǐ

How many
how much

jiǔ

nine

jiàn

see

bà

dad, father

xīn

heart

上下结构
top-bottom structure

Wò gōu
卧 钩   lying hook

10

zhé gōu 折 钩 turning hook

dì 弟
younger brother

独体字 single-component character

mā 妈
mum, mother

左右结构
left-right structure

常用汉字笔画表

Common Chinese Character Stroke Table

笔画	名称	例字	笔画	名称	例字
一	横 (héng)	土五	ㄥ	竖 弯 (shù wān)	四西
丨	竖 (shù)	中上	亅	竖 钩 (shù gōu)	小可
丿	撇 (piě)	天禾	)	弯 钩 (wān gōu)	了手
丶	捺 (nà)	人尺	㇆	斜 钩 (xié gōu)	我
丶	点 (diǎn)	头下	㇛	撇 折 (piě zhé)	去东
ノ	提 (tí)	虫把	㇌	卧 钩 (wò gōu)	心
㇐	横 折 (héng zhé)	口	㇎	撇 点 (piě diǎn)	女
㇀	横 撇 (héng piě)	子水	㇅	横折钩 (héng zhé gōu)	力月
㇀	横 钩 (héng gōu)	你	㇉	竖弯钩 (shù wān gōu)	儿巴
㇄	竖 折 (shù zhé)	山牙	乙	横折弯钩 (héng zhé wān gōu)	几
㇚	竖 提 (shù tí)	长比	㇟	竖折折钩 (shù zhé zhé gōu)	马鸟

11

Lesson 16

Dì shí liù kè
第 十 六 课

Hé nǐ qù lǚ yóu
和 你 去 旅 游

Go travelling with you

生词 New words：

bào zhǐ
报 纸
newspaper

Zuó tiān de bào zhǐ
昨 天 的 报 纸
yesterday's newspaper

Nǐ kàn jiàn zuó tiān de bào zhǐ le ma?
你 看 见 昨 天 的 报 纸 了 吗？
Did you see yesterday's newspaper?

Kàn bào zhǐ
看 报 纸
read the newspaper

Yé ye zài kàn jīn tiān de bào zhǐ.
爷爷 在 看 今天 的 报 纸。
Grandpa is reading today's newspaper.

bǐ
笔
pen

máo bǐ
毛 笔
brush pen/writing

qiān bǐ
铅 笔
pencil

Qiān bǐ zài nà ge zhuō zi shàng.
铅 笔 在 那 个 桌 子 上。
The pencils are on that table.

Nǐ huì xiě máo bǐ zì ma?
你 会 写 毛 笔 字 吗？
Can you write with a writing brush?

13

měi
每
each, every

měi tiān
每天
every day

Tā měi tiān dōu hěn kāi xīn.
他每天都很开心。
He is very happy every day.

měi ge rén
每个人
each person

Wǒ men měi ge rén dōu chī wǎn fàn le.
我们每个人都吃晚饭了。
Each of us have had dinner.

Jiǔ diàn de měi ge fáng jiān dōu hěn piào liang.
酒店的每个房间都很漂亮。
Every room in the hotel is beautiful.

dìfang
地方
place

Nà shì yí ge hěn piào liang de dì fang.
那是一个很漂亮的地方。
That's a very beautiful place.

Wǒ xiǎng zhǎo ge hǎo wánr de dì fang.
我想找个好玩儿的地方。
I want to find a fun place.

Wǒ xǐ huan zhè ge dì fang!
我喜欢这个地方!
I like this place!

lěng
冷
cold

 **rè**
热
hot

Zhè ge dì fang tài lěng le.
这 个 地 方 太 冷 了。
This place is too cold.

Zhèr de tiān qì bù lěng yě bú rè.
这儿的 天 气 不 冷 也不热。
It's neither cold nor hot here.

jiè shào
介 绍
introduce, recommend

Jiè shào yí xià nǐ de péng you ba.
介 绍 一下你的 朋 友 吧。
(Please) introduce your friend.

Wǒ gěi nǐ jiè shào ge hǎo wán de dì fang ba.
我 给 你介绍 个 好 玩 的 地方 吧。
Let me introduce you a fun place.

yóu yǒng
游 泳
swim

Nǐ huì yóu yǒng ma?
你 会 游泳 吗?
Can you swim?

Wǒ jīn tiān bù néng yóu yǒng.
我 今 天 不 能 游泳。
I can't swim today.

lǔ xíng
旅 行

travelling visit

travel far, all kind of travel, go to other places for <u>business or sightseeing.</u>

travel, journey

Míng nián wǒ men yì qǐ qù lǔ xíng ba.
明 年 我 们 一起去旅行吧。
Let's go travelling together next year.

Wǒ men yì jiā rén dōu hěn xǐ huan lǔ xíng.
我 们 一家人都 很喜欢 旅 行。
Our family loves to travel.

lǔ yóu
旅 游

go sightseeing, tour

relaxing travel (for tourism)

"lǔ yóu 旅游" has no business meaning. It usually means to visit and play in scenic spots.

Wǒ xiǎng qù Běijīng lǔ yóu.
我 想 去 北京 旅游。
I want to travel to BeiJing.

Wǒ men xià ge yuè qù bó kǎ lā lǔ yóu.
我 们 下个 月去博卡拉旅游。
We'll travel to Bocala next month.

accommodation for guests

bīn guǎn
宾 馆

guest

guesthouse, hotel

synonym

jiǔ diàn
酒 店

hotel
relatively diversified and large

Jīn wǎn wǒ men zhù zhè ge bīn guǎn ba.
今晚我们住这个宾馆吧。
Let's stay in this hotel tonight.

Bīn guǎn de fáng jiān hěn piào liang.
宾馆的房间很漂亮。
The hotel rooms are very beautiful.

cuò
错 ✕

wrong, incorrect, mistake

Wǒ cuò le.
我错了。
I'm wrong.

Wǒ méi cuò.
我没错。
I'm not wrong.

bú cuò
不错

not bad

Jīn tiān tiānqì bú cuò.
今天 天气 不错。
The weather is not bad today.

Zhè běn shū yě bú cuò.
这本书也不错。
This book is also not bad .

Zhè ge tí tā zuò cuò le.
这个题他做错了。
He made a mistake of this question.

Bào qiàn, wǒ kàn cuò le.
抱歉，我看错了。
Sorry, I read it wrong.

diàn shì
电视
TV, television

kàn diàn shì
看电视
watch TV

Tā de diàn shì tài dà le.
他的 电 视 太 大 了。
His TV is too big.

Dōu 12 diǎn le, nǐ zěn me hái zài kàn diàn shì?
都 12 点 了，你 怎 么 还 在 看 电 视?
It's 12 o'clock. Why are you still watching TV?

diàn yǐng
电 影
movie, film

diàn yǐng yuàn
电 影 院
cinema

Xīng qī tiān wǒ men qù kàn diàn yǐng ba.
星 期 天 我 们 去 看 电 影 吧。
Let's go to see a film on Sunday.

Zhè ge diàn yǐng yuàn rén hěn duō.
这 个 电 影 院 人 很 多。
There are many people in this cinema.

diàn nǎo
电 脑
computer

Zhè ge diàn nǎo shì nǐ de ma?
这 个 电 脑 是 你 的 吗?
Is this computer yours?

Bú shì, zhè ge diàn nǎo shì tā de.
不 是， 这 个 电 脑 是 他 的。
No, this computer is his.

diàn fēng shàn
电 风 扇
electric fan

Qǐng dǎ kāi diàn fēng shàn.
请 打 开 电 风 扇。
Please turn on the electric fan.

Zhè ge diàn fēng shàn kàn qǐ lái bú cuò.
这 个 电 风 扇 看 起 来 不 错。
This electric fan looks good.

diàn bīng xiāng
电 冰 箱
(electric ice box)

fridge, refrigerator

Dǎ kāi bīng xiāng kàn kan.
打 开 冰 箱 看 看。
Open the fridge and look.

Zhè ge bīng xiāng tài xiǎo le.
这 个 冰 箱 太 小 了。
This fridge is too small.

Bīng xiāng li yǒu hǎo duō dōng xi.
冰 箱 里 有 好 多 东 西。
There are many things in the fridge.

xuě
雪
snow

Zuó wǎn xià xuě le.
昨 晚 下 雪 了。
It snowed last night.

Zhè ge xuě rén hǎo piào liang.
这 个 雪 人 好 漂 亮。
This snowman is so beautiful.

bīng
冰
ice

bīng shān
冰 山
iceberg

bīng kuài
冰 块
ice cube

bīng shuǐ
冰 水
ice water

wēn shuǐ
温 水
warm water

rè shuǐ
热 水
hot water

kāi shuǐ
开 水
boiled water

19

qíng 晴		**qíng tiān** 晴天
sunny (weather) fine, clear		sunny day

yīn 阴		**yīn tiān** 阴天
cloudy		overcast sky, cloudy day

yīn yǔ tiān
阴雨天

Míngtiān shì yīn yǔ tiān.
明 天 是 阴雨天。
Tomorrow is cloudy and rainy .

cloudy and rainy day

 xuě 雪   **bīng xuě** 冰 雪   **yǔ xuě** 雨 雪

snow   ice and snow   rain and snow

Wǒ xiǎng qù Běijīng kàn xuě.
我 想 去北京 看 雪。
I wanna go to Beijing to see the snow.

Shēnzhèn de dōngtiān bú xià xuě.
深 圳 的 冬 天 不 下 雪。
It doesn't snow in Shenzhen's winter.

dì
第
to indicate order/grade before a number

dì yī
第一
first

dì yī tiān
第一天
the first day

?
third, fourth, fifth...

dì'èr
第二
second

dì'èr tiān
第二 天
the second day

Tā (shì) dì yī.
他(是)第一。
He is the first.

Tā (shì) dì sì.
他(是)第四。
He is the fourth.

---

fēi cháng
非 常
very, extremely

psychological
+adj./psych verbs
（心理动词）

fēi cháng hǎo
非 常 好
very good

The degree is stronger than "很 hěn".

---

fēi cháng xǐ huan
非 常 喜欢
like very much

Wǒ fēi cháng xǐ huan Zhōngguó.
我 非 常 喜欢 中国。
I like China very much.

hǎo → hěn hǎo → fēi cháng hǎo
好   很 好   非 常 好

zhēn
真 +adj./psych verbs
（心理动词）
really

zhēn hǎo
真 好
really good

Nǐ zhēn hǎo.
你 真 好。
You're really good.

Jīntiān tiānqì zhēnhǎo.
今天 天气 真 好。
The weather is really good today.

Nǐ zuò de cài zhēn hǎo chī.
你 做 的 菜 真 好 吃。
The dishes you cook are really delicious.

Tiān' ān mén
天 安 门
heaven safe door/gate

Cháng chéng
长 城
the Great Wall

Wǒ men míng tiān qù Tiān' ān mén ba.
我 们 明 天 去 天安门 吧。
Let's go to Tian'an men tomorrow.

Qiūtiān de Cháng chéng zhēn měi!
秋天的 长 城 真 美！
The Great Wall in autumn is really beautiful.

Nǐ xǐ huan Tiān'ān mén hé Cháng chéng ma?
你喜欢 天安门 和 长 城 吗？
Do you like Tian'anmen and the Great Wall?

de 得

particle, used after v. or adj. to show complement of result of degree

dào 到

reach, complement of verb, indicate the action achieve its purpose or has a result

kàn de dào	→	kàn bu dào
看得到		看不到
be able to see		can't see

tīng de dào	→	tīng bu dào
听得到		听不到
be able to hear		can't hear

Nǐ kàndedào nà ge rén ma?
你 看得到 那个人吗?
Can you see that person?

Nǐ tīng de dào wǒ shuō huà ma?
你 听 得到 我 说 话 吗?
Can you hear me ?

dì tiě
ground 地铁 railway
underground, subway

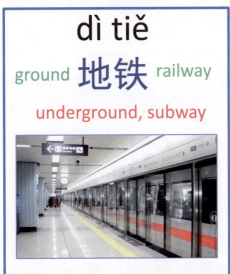

gāo tiě
高 铁
high-speed rail

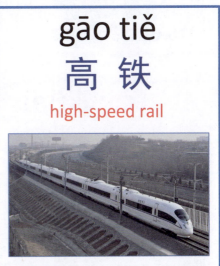

chē 车
vehicle

qì chē 汽车
car

huǒ chē 火 车
train

gāo	opposite →	ǎi
high, tall 高		矮 short

Tom gāo, Mary ǎi.
Tom 高，Mary 矮。
Tom is tall and Mary is short.

yuǎn	opposite →	jìn
far 远		近 near

Chuán hěn jìn, shān hěn yuǎn.
船 很 近，山 很 远。
The boat is near and the mountain is far.

kuài	opposite →	màn
fast 快		慢 slow

Gāo tiě kuài, qì chē màn.
高 铁 快，汽 车 慢。
The high-speed train is fast and the car is slow.

Glossary 生词表：

报纸	bào zhǐ	newspaper
笔	bǐ	pen
铅笔	qiān bǐ	pencil
地方	dì fang	place
冷	lěng	cold
介绍	jiè shào	introduce, recommend
游泳	yóu yǒng	swim
旅游	lǚ yóu	relaxing travel（for tourism）
旅行	lǚ xíng	travel
宾馆	bīn guǎn	hotel
错	cuò	wrong, mistake, incorrect
不错	bú cuò	not bad
电视	diàn shì	TV, television
电影	diàn yǐng	movie, film
电脑	diàn nǎo	computer
电风扇	diàn fēng shàn	electric fan
雪	xuě	snow
冰	bīng	ice
冰水	bīng shuǐ	ice water
电冰箱	diàn bīng xiāng	fridge, refrigerator
晴	qíng	sunny（weather）, fine, clear
晴天	qíng tiān	sunny day
阴天	yīn tiān	overcast sky, cloudy
第	dì	before a number indicate order /grade
第一	dì yī	first
非常	fēi cháng	very, extremely
天安门	Tiān ān mén	Tian'an men
长城	Cháng chéng	the Great Wall
每	měi	every, each
真	zhēn	true, real, really, indeed
真好	zhēn hǎo	really good, that's nice
得	de	particle, used after v.or adj. to show compement of result of degree

到（看得到）	dào	complement of verb, indicates the action achieve its purpose or has a result
远	yuǎn	far
怎么	zěn me	how, how come, why
车	chē	vehicle, auto
高	gāo	high, tall
快	kuài	fast, quick
慢	màn	slow
火车	huǒ chē	train
高铁	gāo tiě	high-speed railway
地铁	dì tiě	subway

课文 Text：

Hé nǐ qù lǚ yóu
和你去旅游
Go travelling with you

李雷=L   Mos=M

Nǐ zài kàn shén me?
L: 你在 看 什 么？
What are you reading ?

Jīn tiān de bào zhǐ. Nǐ yǒu bǐ ma?
M: 今天 的 报纸。你 有 笔 吗？
Today's newspaper. Do you have a pen?

Qiān bǐ kě yǐ ma? Nǐ zài xiě shén me?
L: 铅 笔 可以 吗？你 在 写 什么？
Is a pencil ok? What are you writing?

Kě yǐ. Wǒ zài xiě míng tiān qù nǎr wánr.
M: 可以。我 在 写 明 天 去 哪儿玩(儿)。
OK. I am writing where to play tomorrow.

Zuó tiān wǒ kàn diàn shì shang shuō zhèi ge xīng qī
昨 天 我 看 电视 上 说 这个 星期
Yesterday I saw from TV that the weather would

tiān qì bú cuò, wǒ xiǎng zhǎo jǐ ge hǎo wánr de dì fang.
天气不错，我 想 找 几个好玩(儿)的地方。
be good this week. I want to find a few fun places.

Wǒ hé nǐ yì qǐ qù ba. Xiàn zài de Běi jīng
L：我 和你一起 去吧。现 在 的 北 京
Let me go with you. Now Beijing is neither cold

bù lěng yě bú rè, tiān qì fēi cháng hǎo.
不 冷 也 不热，天气 非 常 好。
nor hot, and the weather is very good.

Tài hǎo le! Kuài gěi wǒ jiè shào yí xià,
M：太好 了！快 给 我 介 绍 一下，
Great! Please introduce to me, where is the

běi jīng nǎr   hǎo wánr?
北 京 哪儿 好玩(儿)？
fun place in Beijing ?

Wǒ men dì yī tiān qù kàn Tiān'ān mén, dì'èr tiān qù
L：我 们 第一天 去 看 天 安 门，第二天去
We will go to see Tian'anmen on the first day, the Great Wall

Cháng chéng, dì sān tiān nǎr hǎo wánr wǒ men
长 城， 第三 天 哪儿好玩(儿) 我 们
on the second day, and on the third day, where it's fun,

qù   nǎr.
去 哪儿。
where we go.

Zhè jǐ tiān měi tiān dōu shì qíng tiān, tiān qì zhēn hǎo!
M：这几天 每天 都 是 晴天，天气 真好！
These days every day is sunny, the weather is really good!

L: Shì a, diàn shì shang shuō de méi cuò.
是啊，电视上说的没错。
Yeah, that's right as the TV says.

M: Nǐ shuō, xiàn zài wǒ men kàn de dào xuě ma?
你说，现在我们看得到雪吗？
You say, now can we see the snow?

L: Běijīng xiàn zài méi yǒu xuě, wǒ men qù yuǎn yì diǎnr
北京现在没有雪，我们去远一点(儿)
There is no snow in Beijing now, if we go to a farther

de dì fang kàn de dào.
的地方看得到。
place, we can see it.

M: Wǒ xiǎng kàn xuě, wǒ men zěn me qù ne?
我想看雪，我们怎么去呢？
I want to see the snow. How shall we go?

L: Wǒ men kě yǐ zuò chē, yě kě yǐ zuò huǒ chē
我们可以坐车，也可以坐火车
We can take a bus, also we can take a train

qù lǚ yóu
去旅游。
to travel.

M: Kě yǐ zuò gāo tiě ma? Zuò gāo tiě wǒ men dào de
可以坐高铁吗？坐高铁我们到得
Can we take the high-speed train? By a

kuài yì diǎnr.
快一点儿。
high-speed train we can arrive earlier.

28

L: Yě kě yǐ a! Zuò gāo tiě de huà, zǎo shang qù,
也可以啊！坐高铁的话，早上去，
It's OK too! If we take the high-speed train, leaving in the morning,

zhōng wǔ kàn de dào xuě, xià wǔ kě yǐ huí Běi jīng le.
中午看得到雪，下午可以回北京了。
seeing the snow at noon, and we can go back to Beijing in the afternoon.

Homework
zuò yè
作业

Nǐ de péngyou lái dào nǐ de chéng shì nǐ dài tā men zài
你的朋友来到你的城市，你带他们在

nǐ jiā zhōubiān lǚ yóu sān tiān
你家周边旅游三天。

Qǐngbiān xiě yí duàn duì huà
请编写一段对话。

Your friends come to your city and you take them traveling around your hometown for three days.

Please write a conversation.

For example:

Nǐ míngtiān xiǎng qù nǎr wánr
你明天想去哪儿玩儿？
Where do you want to go tomorrow?

Wǒ xiǎng qù   kàn
我想去_____看_____。
I want to go...   to see...

Wǒ hái xiǎng qù   chī
我还想去_____吃_____。
I want to go...   to eat...

29

Lesson 17

Dì shí qī kè
第十七课

Sòng nǐ qù huǒ chē zhàn
送 你 去 火 车 站

Take you to the train station

生词 New words：

jiàn
件

measure word for clothes

yí jiàn yī fu
一件 衣服
a piece of clothes

Wǒ xiǎng qù shāng diàn gěi wǒ māma mǎi yí jiàn yī fu.
我 想 去 商 店 给 我 妈 妈 买 一件衣服。
I want to go to the shop to buy a piece of clothes for my mother.

chuān
穿

wear, put on

chuān xié
穿 鞋

put on shoes

Nǐ jīn tiān chuān le xīn xié.
你今天 穿 了 新鞋。
You wear new shoes today.

chuān yī fu
穿 衣服

wear clothes

Nǐ yào duō chuān diǎnr yī fu.
你要多 穿 点(儿) 衣服。
You should wear more clothes.

xīn
新

new

xīn shǒu jī
新手机

new mobile phone

xīn nián
新 年

new year

Wǒ jīn tiān mǎi le xīn shǒu jī.
我今天买了新手机。
I bought a new mobile phone today.

Xīn nián de shí hou, rén men huì shuō: "xīn nián hǎo".
新 年 的 时候，人 们 会 说："新 年 好"。
When it's New Year, people will say, "Happy New Year".

kuài lè
快 乐
happy

Xīn nián kuài lè
新 年 快 乐
Happy New Year

Wǒ xiàn zài yì diǎnr dōu bú kuài lè.
我 现 在 一点儿 都 不 快 乐。
I'm not happy at all now.

hái
还
still, yet

Dōu jiǔ diǎn le, nǐ hái zài shuì jiào.
都 九 点 了，你 还 在 睡 觉。
It's nine o'clock, you're still sleeping.

zhè me
这 么
so, such

Zhè me wǎn le, nǐ hái zài xué xí.
这 么 晚 了，你 还 在 学 习。
It's so late, you're still studying.

wēn
温
warm

wēn shuǐ
温 水
warm water

wēn kāi shuǐ
温 开 水
warm boiled water

Wǒ xǐ huan hē wēn kāi shuǐ, nǐ ne?
我 喜 欢 喝 温 开 水，你 呢？
I like to drink warm boiled water, how about you?

fú wù yuán
service person
服 务 员
waiter

Fú wù yuán gěi wǒ yì bēi chá.
服 务 员 给 我 一 杯 茶。
The waiter give me a cup of tea.

Fàn diàn de fú wù yuán gōng zuò hěn xīn kǔ.
饭 店 的 服 务 员 工 作 很 辛 苦。
The waiter in the restaurant works very hard.

suī rán ......, dàn shì......
(虽然) ......，但 是......

Although... , ...
This sentence pattern is to express meaning turning relation.

Practice:

| Zhè jiàn yī fu hěn piào liang. | Tài guì le. |
| 这 件 衣服 很 漂 亮。 | 太 贵 了。 |

Suī rán zhè jiàn yī fu hěn piào liang, dàn shì tài guì le.
(虽 然)这 件 衣服 很 漂 亮，但 是 太贵了。
Although this dress is beautiful, it's too expensive.

| Wǒ hěn máng. | Wǒ hái shì xiǎng qù kàn diàn yǐng. |
| 我 很 忙。 | 我 还 是 想 去 看 电 影。 |

Suī rán wǒ hěn máng, dànshì wǒ hái shì xiǎng qù kàn diàn yǐng.
(虽 然)我 很 忙，但是我 还 是 想 去 看 电 影。
Although I'm busy, I still want to go to see a film.

jué de 觉 得

Wǒ jué de ní bó 'ěr rén hěn hǎo.
我 觉 得 尼泊尔 人 很 好。
I think Nepalese are very nice.

feel, think

Jīn tiān tiān qì hěn lěng, dàn shì wǒ jué de yì dǎnr yě bù lěng.
今天 天气 很 冷，但 是 我 觉得一点儿也不 冷。
It's very cold today, but I don't feel cold at all.

jiù 就

| Wǒ jiù xià lái. | Cài jiù lái le. |
| 我 就 下来。 | 菜 就 来了。 |

right away | I'll be right down. | The dishes are coming soon.

Wǒ jiù yào shuì jiào le.
我 就 要 睡 觉 了。
I'm going to bed soon.

Wǒ shí fēn zhōng hòu jiù dào.
我 十 分 钟 后 就 到。
I'll be there in ten minutes.

......yī ...... jiù ....

......一...V.1...就...V.2...
as soon as
It is a fixed collocation phrase.

After the first action or thing happens, the second action or thing happens immediately.

Same subject: Two actions are made by one subject.

Wǒ yí xià kè jiù qù shāng diàn mǎi shuǐ guǒ.
我 一下课 就 去 商 店 买 水 果。
I go to the store to buy fruit as soon as the class is over.

Different subjects: Two actions are made by two different subjects.

Shí jiān yí dào, wǒmen jiù shàng kè.
时 间 一 到，我们 就 上 课。
We'll have the class as soon as the time is up.

Glossary 生词表：

站	zhàn	stand, station
火车站	huǒ chē zhàn	railway station
还	hái	still, fairly, rather
温	wēn	warm
开	kāi	open, drive
开水	kāi shuǐ	boiling water, boiled water
虽然	suī rán	although, though
但是	dàn shì	but, still, yet
啊	a	ah
都……了	dōu……le	already
服务员	fú wù yuán	waiter
会	huì	will, can
穿	chuān	wear, put on
衣服	yī fu	clothes
新	xīn	new
快乐	kuài lè	happy, glad
就	jiù	right away, as soon as, indicate conclusion or resolution
件	jiàn	piece, measure word for clothes
觉得	jué de	feel, think

Kèwén Sòng nǐ qù huǒchēzhàn
课文Text: 送 你 去 火 车 站

Take you to the train station

李雷=L Mos=M

（一）

L: Wèi, Mos, jīn tiān shì xīngqīliù, wǒ men yào bu yào
喂，Mos，今天 是 星期六，我们 要不要
zǎo diǎnr qù huǒ chē zhàn?
早 点(儿) 去 火 车 站？

Hello, Mos , today is Saturday. Shall we go to the train station earlier or not?

M: Zuó tiān wǎn shang wǒ wánr de tài wǎn le,
昨天 晚 上 我 玩(儿) 得 太 晚 了,

I played too late last night, and I am still a little tired now.

xiàn zài hái yǒu diǎnr lèi.
现 在 还 有 点(儿)累。

L: Yào hē bēi wēn kāi shuǐ ma? Wǒ kě yǐ gěi qián tái
要 喝 杯 温 开水 吗? 我 可以 给 前 台

Want a cup of warm boiled water? I can call the front desk.

dǎ diàn huà.
打 电 话。

M: Suī rán wǒ hěn xiǎng hē, dàn shì wǒ bù xiǎng qǐ lái.
虽然 我 很 想 喝, 但是 我 不 想 起来。

Although I really want to drink, I don't want to get up.

（二）

M: Wèi, nǐ zài nǎr ne?
喂，你 在 哪儿 呢？

Hey, where are you?

L: Wǒ zài gāo tiě shang a!
我 在 高 铁 上 啊！

I am on the high-speed train!

M: Á? Nǐ zěn me yí ge rén qù zuò gāo tiě le?
啊？ 你 怎么 一 个 人 去 坐 高 铁 了？

Ah? Why are you taking the high-speed rail alone?

L: Nǐ kàn kan xiàn zài dōu jǐ diǎn le.
你 看 看 现 在 都 几点 了。

Look what time it is now.(You see what time it is.)

36

M：Suī rán wǒ qǐ lái wǎn le, dàn shì nǐ yě méi yǒu gěi wǒ
虽然 我起来 晚了，但是 你也没 有 给我
Although I got up late, you didn't call me!

dǎ diàn huà a!
打电 话 啊！

L：Mos, wǒ gěi nǐ mǎi le yì zhāng xià wǔ de gāotiě piào,
Mos，我给你 买了一 张 下午 的 高铁 票，
Mos, I bought you an afternoon ticket for the high-speed train,

yě gēn jiǔ diàn qián tái shuō hǎo le,
也 跟酒 店 前 台 说 好 了，
and I also talked to the front desk of the hotel

fú wù yuán huì sòng nǐ qù huǒ chē zhàn de.
服务 员 会 送 你去 火 车 站 的。
that the waiter will take you to the railway station.

M：Tài hǎo le, wǒ xiàn zài jiù xià lóu.
太好了，我 现在 就 下楼。
Great, I'll go downstairs now.

L：Yào duō chuān diǎnr yī fu! Wǒ dōu kàn dào xuě le,
要 多 穿 点(儿) 衣服！我 都 看到 雪 了，
Wear more clothes! I can see the snow now,

zhēn piào liang!
真 漂 亮！
it's really beautiful!

M：Suī rán nǐ bāng wǒ dìng le xīn de piào,
虽 然你帮 我 订 了 新的 票，
Although you booked me a new ticket,

dàn shì wǒ xiàn zài yì diǎnr dōu bú kuài lè!
但 是 我 现在 一点(儿) 都 不快乐！
now I am not happy at all!

（三）

M：À! Zhēn de xià xuě le!
啊！真的下雪了！
Ah! It's really snowing!

L：Wǒ bú shì shuō le yào duō chuān jǐ jiàn yī fuma?
我不是说了要多穿几件衣服吗？
Didn't I tell you to wear more clothes?

M：Méi guān xi, suī rán yī fu bù duō,
没关系，虽然衣服不多，
It doesn't matter, although I don't wear many clothes,

dàn shì wǒ yì diǎnr yě bù jué de lěng!
但是我一点(儿)也不觉得冷！
I feel not cold at all!

L：Zhè lǐ tiān qì zhēn de hěn lěng, kuài hē diǎnr rè shuǐ.
这里天气真的很冷，快喝点(儿)热水。
It's really cold here. Drink some hot water.

M：Wǒ yì diǎnr yě bù xiǎng hē shuǐ, kuài lái wánr xuěba!
我一点(儿)也不想喝水，快来玩(儿)雪吧！
I don't want any water at all. Come and play with the snow!

Homework

zuò yè
作 业

Nǐ hé nǐ de péngyou yì qǐ qù yuǎn yì diǎn de dì fang lǚ yóu,
你和你的朋友一起去远一点的地方旅游，
qǐng biān yí duàn duì huà
请编一段对话。

You and your friends go to a farther place to travel,

Please make a dialogue.

Lesson 18

Dì shí bā kè
第 十 八 课

Wèi nǐ guò shēng rì
为 你 过 生 日

Celebrate birthday for you

生词 New words:

shēng rì — 生日 (be born, birth / day, date) — birthday

Nǐ shì nǎ tiān de shēng rì?
你是哪天的 生日？
When is your birthday?

Wǒ de shēng rì shì 11 yuè 5 rì.
我的 生日是 11 月 5 日。
My birthday is November 5.

Míng tiān shì wǒ tài tai de shēng rì.
明 天是我太太的 生日。
Tomorrow is my wife's birthday.

kě néng — 可 能 — probably, maybe, perhaps, may

Míng tiān kě néng huì xià yǔ.
明 天 可 能 会 下 雨。
It may rain tomorrow.

Tom kě néng qù Běijīng le.
Tom 可 能 去 北京 了。
Tom may have gone to Beijing.

zhī dào — 知 道 — know

Tom kě néng zhī dào Mos qù nǎr le.
Tom 可能 知 道 Mos 去哪儿了。
Tom may know where Mos has gone.

bù zhī dào — 不 知 道 — don't know

Wǒ bù zhī dào tā de míng zi.
我 不 知 道 她的 名 字。
I don't know her name.

shū fu — 舒 服 — comfortable

Wǒ shēng bìng le, yǒu diǎnr bù shū fu.
我 生 病 了，有 点儿 不 舒服。
I'm sick and a little uncomfortable.

Jīn tiān tiān qì hěn hǎo, tài shū fu le.
今 天天 气 很 好，太 舒服 了。
It's a nice day today. It's so comfortable.

40

bìng 病
disease, sickness, illness

Tā de bìng hǎo le.
他的 病 好 了。
His illness has gone. (He recovered from his illness.)

shēng bìng 生病
get ill, be sick

Nǐ shēng bìng le, yào qù yī yuàn kàn yī shēng.
你 生 病 了，要去医院 看医生。
You are sick, you should go to the hospital to see a doctor.

guò 过
come/go cross, pass through

guò lái 过来 — come over/up

Wǒ hé wǒ tàitai guò lái kàn Mos.
我和 我太太过来看 Mos。
My wife and I came to see Mos.

guò qù 过去
① go over
② in the past

Wǒ guò qù kànkan.
我 过 去 看 看。
I'll go and have a look.

Guò qù wǒ bú huì shuō Zhōng wén.
过 去我不会 说 中 文。
I couldn't speak Chinese in the past.

zháo jí 着急
feel anxious, worry

Bié zháo jí, tā xiàn zài hǎo duō le.
别 着 急，她 现 在 好 多 了。
Don't worry, she's much better now.

Bié zháo jí, tā huì lái de.
别 着 急，他会来的。
Don't worry, he'll come.

dài 带
bring, take

Nǐ dài qián le ma?
你 带 钱 了吗？
Did you bring the money?

Wǒ dài qián le.
我 带 钱 了。
I brought the money. (I have money with me.)

Wǒ méi dài shǒu jī.
我 没 带 手机。
I didn't bring my mobile phone.

Tom shēng bìng le, bù shū fu, wǒ hěn zháo jí,
Tom 生 病 了，不舒服，我 很 着 急，
Tom is sick and uncomfortable, I'm worried,

guò qù kàn kan, dài tā qù yī yuàn kàn yī shēng.
过 去 看看，带 他去医 院 看 医 生。
so I go to see him and take him to the hospital to see a doctor.

jiā 家

- home
  Qián miàn shì wǒ jiā.
  前 面 是 我家。
  The front is my home.

- family
  Wǒ jiā yǒu sān kǒu rén.
  我 家 有 三 口 人。
  There are three people in my family.

- measure word
  Wǒ men shì yì jiā rén.
  我 们 是 一 家 人。
  We are one family.

chàng gē (sing song) **唱 歌**
to sing /singing

Jiā rén men wèi hái zi chàng shēng rì gē.
家人 们 为孩子 唱 生日歌。
The family sang birthday songs for their child.

Tā chàng gē hěn hǎo tīng.
她 唱 歌 很 好听。
She sings very well. pleasant to hear

kǒu 口

- mouth
  kǒu yǔ
  口 语
  oral language

- measure word
  Wǒ hē le yì kǒu shuǐ, chī le yì kǒu píng guǒ.
  我喝了一口水，吃了一口苹果。
  I took a sip of water and had a bite of an apple.

yí yàng
一样
the same

Zhè liǎng ge bēi zi shì yí yàng de.
这 两 个 杯子是一样的。
These two cups are the same.

yàng zi
样 子 *suffix*
shape, appearance

Tā de yàng zi hěn kě' ài.
她的 样 子 很 可爱。
Her appearance is very lovely.

zěn me yàng
怎 么 样
how (about)

Nǐ jīn tiān guò de zěn me yàng?
get through
你今 天 过 得 怎 么 样？
How did you get through the day? (How are you today?)

Jīnwǎn wǒmen qù kàn diànyǐng zěnmeyàng?
今 晚 我 们 去 看 电 影 怎 么 样？
How about going to see a movie tonight?

duì le
对 了

correct, right

Nǐ dá duì le zhè ge wèn tí.
你答 对 了 这 个 问题。
You answered this question correctly.

start sentence when topic of conversation change, similar to "by the way".

Duì le, wǒ yǒu huà yào shuō.
word, talk
对 了，我 有 话 要 说。
By the way, I have something to say.

shǒu biǎo
hand watch
手 表
wrist watch, watch

Zhèr yǒu sān kuài shǒu biǎo.
这儿 有 三 块 手 表。
Here are three watches.

Wǒ xǐhuan zhōngjiān nà kuài shǒubiǎo.
我 喜 欢 中 间 那块 手 表。
I like that watch in the middle.

chū yuàn
出 院
leave hospital

Wǒ míng tiān kě yǐ chū yuàn le.
我 明 天 可 以 出 院 了。
I can leave the hospital tomorrow.

yào
药
medicine

chī yào
吃药
take medicine

Nǐ chī yào le ma?
你 吃药 了吗?
Did you take the medicine?

yǐ jīng
已 经
already

Wǒ yǐ jīng lái le liǎng ge xiǎo shí le.
我 已经 来了 两 个 小时 了。
I've been here for two hours already.

Fēi jī yǐ jīng qǐ fēi le.
飞机 已经 起飞了。
The plane has taken off already.

wèi
为
for, in order to

Wǒ wèi nǐ chàng shēng rì gē.
我 为 你 唱 生 日 歌。
I sing birthday songs for you.

wèi shén me what
为什么
for what, why

Wèi shén me chū yuàn le hái yào chī yào?
为 什 么 出 院 了 还要 吃药?
Why(do I) still need to take medicine after leaving the hospital?

yīn wèi reason
因 为
because

Yīnwèi nǐ de bìng hái méi hǎo.
因 为 你 的 病 还 没 好。
Because your illnesss hasn't gone (you're not well) yet.

diǎn 点

① o'clock
Xiàn zài jǐ diǎn le? Liǎng diǎn le.
现 在 几 点 了？两 点 了。
What time is it now? It's two o'clock.

② dot
Tài zì yǒu yí ge diǎn.
"太" 字有 一个 点。
There is a dot on the word "太".

③ a few, a little, a bit
Wǒ huì shuō yì diǎnr Zhōng wén.
我 会 说一点儿 中 文。
I can speak a little Chinese.

④ point order
Nǐ hǎo, wǒ yào diǎn cān.
你好，我 要 点 餐。
Hello, I'd like to order.

⑤ appoint check (from the list)
Dào diǎn le, wǒ men kāi shǐ diǎn shù.
到 点了，我们开始 点数。
The time is up. Let's start counting.

Glossary 生词表：

生日	shēng rì	birthday
可能	kě néng	probably, maybe, perhaps
知道	zhī dào	know
病	bìng	disease, sickness, illness
生病	shēng bìng	get ill, be sick
过	guò	come/go cross, pass
过来	guò lái	come over
舒服	shū fu	comfortable
着急	zháo jí	feel anxious, worry
边	biān	side, edge
家	jiā	family, home, measure word
样子	yàng zi	shape, appearance
一样	yí yàng	same
怎么样	zěn me yàng	how (about)
对了	duì le	start sentence when topic of conversation change
出院	chū yuàn	leave hospital
药	yào	medicine, drug
手表	shǒu biǎo	watch

带	dài	bring, take
已经	yǐ jīng	already
点	diǎn	point, order
点餐	diǎn cān	order (food)
为	wèi	for
为什么	wèi shén me	why
唱	chàng	sing
歌	gē	song

课文 Text: Kèwén   Wèi nǐ guòshēng rì 为你过生日

Celebrate birthday for you

李雷=L Sam=S

L: Sam, jīn tiān bú shì Mos shēng rì ma?
Sam，今天 不 是 Mos 生 日 吗？
Sam, isn't it Mos's birthday today?

Tā zěn me bú zài fáng jiān?
她 怎么 不 在 房间？
Why isn't she in the room?

S: Nǐ dǎ tā diàn huà le ma?
你打 她 电话 了 吗？
Did you call her?

L: Wǒ dǎ le, tā méi jiē.
我 打了，她没接。
I did, she didn't answer it.

S: Nà nǐ kě yǐ wèn wen Tom, tā kě néng zhī dào.
那 你 可以 问问 Tom，他 可能 知道。
Then you can ask Tom, he might know.

Zuó tiān tā men fū qī liǎng hé Mos zài yì qǐ.
昨 天 他 们 夫妻俩 和 Mos 在 一起。
They two (the couple) were with Mos yesterday.

李雷=L Tom=T

L: Tom, Nǐ zài nǎr?
Tom，你在哪儿？
Tom, where are you?

T: Wǒ zài yī yuàn ne. Mos shēng bìng le,
我 在 医院 呢。Mos 生 病 了，
I am at the hospital. Mos is sick,

wǒ hé wǒ tài tai guò lái kàn tā.
我 和 我 太太 过来 看 她。
my wife and I come to see her.

L: Mos shēng bìng le? Tā shì shén me shí hou shēng bìng de?
Mos 生病 了？她是 什么 时候 生 病 的？
Is Mos sick? When was she get sick?

T: Tā zuó tiān yǒu diǎnr bù shū fu, wǎn shang yě méi shuì hǎo,
她昨天 有点(儿)不舒服，晚上 也 没 睡好，
She felt a little uncomfortable yesterday and didn't sleep well at night,

jīn tiān zǎo shang jiù lái yī yuàn le.
今天 早 上 就 来 医院 了。
she came to the hospital this morning.

Bié zháo jí, tā xiàn zài hǎo duō le.
别 着急，她 现 在 好 多 了。
Don't worry, she is much better now.

47

L: Shì jiǔ diàn zuǒ biān de nèi jiā yī yuàn ma?
是 酒店 左 边 的 那 家 医院 吗？
Is that hospital on the left side of the hotel?

Wǒ xiàn zài guò lái, jiǔ diǎn shí fèn jiù dào.
我 现 在 过来， 9 点 10 分 就 到。
I am coming now, I will arrive at 9:10.

李雷=L Mos=M

L: Mos, nǐ jué de zěn me yàng?
Mos， 你 觉得 怎么样？
Mos, How do you feel?

M: Hǎo duō le.
好 多了。
Much better.

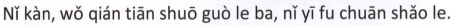

L: Nǐ kàn, wǒ qián tiān shuō guò le ba, nǐ yī fu chuān shǎo le.
你看，我前 天 说 过了吧，你衣服穿少了。
You see, I said it the day before yesterday, you wore too less.

M: Qián tiān kàn jiàn xuě de shí hou tài gāo xìng le,
前 天 看见 雪 的 时候 太 高 兴了，
I was so happy when I saw the snow the day before yesterday

bù jué de lěng. Duì le, nǐ zěn me zhī dào wǒ zài zhèr?
不觉得 冷。对了，你怎么知道 我 在这儿？
and I didn't feel cold. By the way, how do you know I am here?

L: Wǒ dǎ nǐ de shǒu jī nǐ méi jiē, wǒ shì wèn le Sam zhī dào de.
我 打你的手机你没接，我是问了 Sam 知道的。
You didn't pick up my phone. I got to know by asking Sam.

M: Duì a, wǒ de shǒu jī hái zài jiǔ diàn ne!
对啊，我的 手机 还 在 酒店 呢！
Yeah, my mobile phone is still in the hotel!

M： Tài hǎo le, yī shēng shuō wǒ kě yǐ chū yuàn le!
太好了，医生 说 我 可以 出院 了！
Great, the doctor said that I can leave hospital!

L： Suī rán nǐ kě yǐ chū yuàn le, dàn shì nǐ de bìng hái méi hǎo.
虽然你可以出院了，但是你的病 还没好。
Although you can leave the hospital, you are not well yet.

Yī shēng shuō nǐ jīn tiān wǎn shang hái yào chī yào ne.
医 生 说 你 今天 晚上 还要吃药 呢。
The doctor said that you still have to take medicine this evening.

M： Jīn tiān shì wǒ de shēng rì ne. Xiàn zài jǐ diǎn le?
今天 是 我的 生日 呢。现在 几点 了？
Today is my birthday. What time is it now?

Wǒ shǒu biǎo yě méi dài.
我 手 表 也 没 带。
I didn't take my watch.

L： Yǐ jīng bā diǎn guò shí fēn le.
已经 八 点 过 十 分 了。
It's ten past eight.

Dào le jiǔ diàn wǒ jiù bāng nǐ diǎn cān,
到 了 酒店 我 就 帮 你 点 餐，
I will help you to order some food when arriving the hotel,

míng tiān wǒ men yì qǐ gěi nǐ guò shēng rì ba!
明 天 我 们 一起给 你 过 生 日吧！
and let's celebrate your birthday together tomorrow!

M： Hǎo a, nà nǐ yào wèi wǒ chàng shēng rì gē.
好啊，那你要 为 我 唱 生 日 歌。
Ok, then you have to sing a birthday song for me.

Homework
zuò yè
作 业

Míngtiān shì nǐ péngyou de shēng rì,
明 天 是 你 朋 友 的 生 日,
nǐ xiǎng hé jǐ ge péngyou yì qǐ wéi tā guò shēng rì
你 想 和 几 个 朋 友 一 起 为 他 过 生 日。

Qǐng biān yí duàn duìhuà
请 编 一 段 对 话。

Tomorrow is your friend's birthday. You want to celebrate his birthday with some friends. Please make up a dialogue.

Lesson 19

Dì shí jiǔ kè
第 十 九 课

Hóng píng guǒ, kǔ kā fēi
红 苹 果, 苦 咖 啡
Red apples, bitter coffee

生词 New words:

yòu 又 — again(repeat)

It's already happened.

Fēi jī yòu wǎn diǎn le.
飞机 又 晚 点 了。
The plane is late again.

Tā yòu méi (yǒu) lái shàng kè.
他 又 没 (有) 来 上 课。
He didn't come to class again.

Nǐ bú shì zuó tiān shēng rì ma? Zěn me jīn tiān yòu guò shēng rì?
你不是昨天 生 日吗？怎么今天 又 过 生 日？
Wasn't your birthday yesterday? Why do you celebrate birthday again today?

zài 再 — again, once

Something hasn't happened yet.

Wǒ xiǎng zài hē yì bēi shuǐ.
我 想 再 喝 一 杯 水。
I'd like one more glass of water.

Wǒ xiǎng zài kàn kan zhè běn shū.
我 想 再 看 看 这 本 书。
I'd like to look at this book again.

yīn wèi 因为 A...... — because(of), since

suǒ yǐ 所以 B...... — so, therefore

因为 Fēi jī wǎn diǎn le,
飞机 晚 点 了,
The plane was late,

所以 wǒ hái méi yǒu jiē dào rén.
我 还 没 有 接 到 人。
I haven't picked up anyone yet.

因为 Wài miàn xià yǔ le,
外 面 下 雨 了,
It's raining outside,

所以 wǒ de xié zi zāng le.
我 的 鞋子 脏 了。
my shoes are dirty.

háiyǒu
还有
still have

Nǐ hái yǒu duō shao qián?
你还有多少钱?
How much money do you still have?

Hái yǒu shén me wǒ bù zhī dào de ma?
还有什么我不知道的吗?
Is there anything I still don't know?

Hái yǒu shén me wèn tí ma?
还有什么问题吗?
Still have any question?

shúi
谁
who, whom

shúi de
谁的
whoes

Nà shì shuí de fáng zi?
那是谁的房子?
Whose house is that?

Hái yǒu shuí huì qù?
还有谁会去?
Who else will go?

Zhè shì shuí de qiān bǐ?
这是谁的铅笔?
Whose pencil is this?

dǒng
懂
understand, know

Wǒ néng kàn dǒng zhè běn shū.
我能看懂这本书。
I can understand this book.

Wǒ tīng bu dǒng nǐ shuō de huà.
我听不懂你说的话。
I can't understand the words you say.

liáo tiān
chat
聊天
chat (without specific topic)

Tā men zài liáo tiān.
他们在聊天。
They are chatting.

Nǐ men zài liáo shén me ne?
你们在聊什么呢?
What are you chatting about?

kè 课 — class, lesson

Jīn tiān wǒ men xué dì 19 kè.
今天我们 学 第19课。
Today we learn lesson 19.

Wǒ jīn tiān bù néng chū qù wànr, hái yǒu kè ne.
我今天 不 能 出去玩儿，还有课呢。
I can't go out today, I still have class.

shàng kè 上课 — attend class, take class

Xué shēng men zài shàng kè.
学 生 们 在 上 课。
The students are having class.

Wǒ men zài shàng Zhōng wén kè.
我 们 在 上 中 文 课。
We're having a Chinese class.

wǎn 碗 — bowl

kuài zi 筷子 — chopsticks

Qǐng gěi wǒ yí ge wǎn hé yì shuāng kuài zi.
请 给我 一个碗 和 一 双 筷子。
Please give me a bowl and a pair of chopsticks.

Wǒ xiǎng zài chī yì wǎn fàn.
我 想 再吃一 碗 饭。
I'd like another bowl of rice.

tāng 汤 — soup

Nǐ xǐ huan hē tāng ma?
你喜欢 喝汤 吗？
Do you like soup?

Nà wǎn tāng kàn qǐ lái bú cuò.
那 碗 汤 看 起来 不 错。
That soup looks good.

菜单 — menu

Nǐn hǎo, zhè shì wǒ men de cài dān.
您好，这是我们的菜单。
Hello, this is our menu.

Cài dān shàng méi yǒu zhè ge cài.
菜单上没有这个菜。
There isn't this dish on the menu.

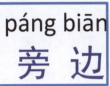
旁边 — beside

Tā de páng biān yǒu ge xuě rén.
她的旁边有个雪人。
There is a snowman beside her.

Tā zuò zài xuě rén de páng biān.
她坐在雪人的旁边。
She sat beside the snowman.

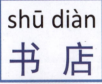
书店 — bookshop, bookstore

Xué xiào de páng biān shì bu shì yǒu ge shū diàn?
学校的旁边是不是有个书店？
Is there a bookstore beside the school?

Wǒ xiǎng qù shū diàn gěi wǒ'ér zi mǎi běn shū.
我想去书店给我儿子买本书。
I want to go to the bookstore to buy a book for my son.

黑 — black

白 — white

Tiān hēi le, wǒ yào huí jiā le.
天黑了，我要回家了。
It's getting dark, I'm going home.

Tā chuān de shì bái yī fu.
他穿的是白衣服。
What he wears is white clothes.

kā fēi
咖啡
coffee

Nǐ hǎo, xiān sheng! Yào lái bēi kā fēi ma?
你好，先生！要来杯咖啡吗？
Hello sir, would you like a cup of coffee?

Wǒ bù xǐ huan hē hēi kā fēi.
我不喜欢喝黑咖啡。
I don't like (drinking) black coffee.

hē qǐ lái
喝起来
drink like

Zhè yào hē qǐ lái tài kǔ le.
这药喝起来太苦了。
The medicine tastes too bitter.

Wǒ bù xǐ huan hē kā fēi, tài kǔ le.
我不喜欢喝咖啡，太苦了。
I don't like drinking coffee, it's too bitter.

Zhè wǎn tāng hē qǐ lái tài tián le.
这碗汤喝起来太甜了。
This soup tastes too sweet.

kǔ   **tián**
苦   甜
bitter   sweet

Wǒ xǐ huan chī tián de shuǐ guǒ.
我喜欢吃甜的水果。
I like eating sweet fruit.

......dehuà
......的话   if, in case...

Nǐ bù shū fu de huà, wǒ men kě yǐ míng tiān zài qù.
你不舒服的话，我们可以明天再去。
If you're not feeling well, we can go again tomorrow.

Nǐ xǐ huan de huà, jiù mǎi xià lái ba.
你喜欢的话，就买下来吧。
You can buy it if you like.

Nǐ zháo jí de huà, wǒ men xiàn zài jiù zǒu.
你着急的话，我们现在就走。
If you are worried, we can go right now.

jiā 加
add, plus

| 9+4 |
| 9+5 |

9 jiā 4 hé 9 jiā 5.
9 加 4 和 9 加 5。
Nine plus four and nine plus five

Nǐ de jiā shàng wǒ de , yí gòng yǒu duō shao?
你的 加 上 我 的，一 共 有 多 少？
Yours plus mine, how many are there together?

táng 糖
sugar

Jué de kā fēi kǔ de huà, kě yǐ jiā diǎnr táng.
觉得 咖啡 苦的话，可以加点儿糖。
You can add some sugars to your coffee if you feel it bitter.

Wǒ xǐ huan chī táng, yīn wèi tā tián.
我 喜 欢 吃糖， 因 为 它 甜。
I like sugar, because it is sweet.

tā 它
it

Zhè shì tā de wǎn.
这 是 它的 碗。
This is its bowl.

Wǒ xǐ huan tā jiù shì yīn wèi tā kǔ.
我 喜 欢 它 就 是 因 为 它苦。
I like it just because it's bitter.

jiù shì 就 是
just be

Zhè jiù shì tā de běn zi.
这 就 是 他的本子。
This is just his book.

> It is a little tough and emphatic in the tone.

píng guǒ 苹 果
apple

xī guā 西 瓜
watermelon

red

Zhè ge píng guǒ zhēn hóng.
这 个 苹 果 真 红。
This apple is really red.

Zhè ge xī guā zěn me bù hóng?
这 个 西 瓜 怎 么 不 红？
Why isn't this watermelon red?

Wǒ xiǎng mǎi nà jiàn hóng yī fu.
我 想 买 那 件 红 衣服。
I'd like to buy that red dress.

huò zhě 或者

Qǐng gěi wǒ bēi kā fēi huò zhě chá.
请 给 我 杯 咖啡 或 者 茶。
Please give me a cup of coffee or tea.

or (indicate the possibility of existence)

Wǒ míng tiān qù yóu yǒng, huò zhě qù kàn diàn yǐng.
我 明 天 去 游 泳，或 者 去 看 电 影。
I'll go swimming or go to watch movies tomorrow.

huò zhě   hái shì
或 者 and 还 是 both mean "or". They are used differently.

"或 者 huò zhě" is used in declarative sentences, not in interrogative sentences, such as A 或 者 (huò zhě) B.

In interrogative sentences, use "还是(hái shì)", such as A 还是(hái shì) B?

Glossary 生词表：

又	yòu	again（repeat）
因为	yīn wèi	because(of), since
所以	suǒ yǐ	so, therefore
还有	hái yǒu	still have
谁	shuí	who, whom
椅子	yǐ zi	chair
桌子	zhuō zi	table, desk
大学	dà xué	university, college
课	kè	class, lesson
上课	shàng kè	attend class, take class
懂	dǒng	understand, know
聊	liáo	chat
聊天	liáo tiān	chatting(without specific topic)
书	shū	book
菜单	cài dān	menu
再	zài	again, once more
碗	wǎn	bowl
筷子	kuài zi	chopsticks
汤	tāng	soup
旁边	páng biān	beside
书店	shū diàn	bookshop, boodstore
黑	hēi	black
咖啡	kā fēi	coffee
喝起来	hē qǐ lái	drink like
苦	kǔ	bitter
……的话	de huà	if, in case…
加	jiā	add
糖	táng	sugar
它	tā	it
就是	jiù shì	just be
苹果	píng guǒ	apple
西瓜	xī guā	watermelon
或者	huò zhě	or (indicates the possibility of existence)
甜	tián	sweet
红	hóng	red

课文 Text: 红苹果，苦咖啡
Kèwén   Hóngpíngguǒ   kǔ kāfēi

Red apples, bitter coffee

Sam=S Tom=T

S: Tom, Mos de shēng rì bú shì zuó tiān ma?
Tom，Mos 的 生日 不是 昨 天 吗？
Tom, isn't Mos' birthday yesterday?

zěn me jīn tiān yòu guò?
怎么今天 又 过？
Why celebrate again today?

T: Yīn wèi zuó tiān Mos shēng bìng le, suǒ yǐ wǒ men
因为 昨天 Mos 生 病 了，所以 我 们
Because Mos was sick yesterday,

jīn tiān gěi tā guò shēng rì.
今 天 给 她 过 生 日。
（so）we have a birthday party for her today.

S: Hǎo ba, hái yǒu shúi huì qù?
好 吧，还 有 谁 会 去？
Ok, who else will go?

T: Lǐ Léi. Wǒ tīng shuō tā de mèi mei yě huì qù.
李雷。我 听 说 他的 妹妹 也 会 去。
Li Lei. I heard that his sister will also go.

Sam=S 李雷=L

L: Sam, lái zhèi biān, zhèr hái yǒu yǐ zi.
Sam，来这 边，这儿还 有 椅子。
Sam, come here, there are more chairs here.

60

Nǐ zuò zhèi zhāng zhuō zi.
你 坐 这 张 桌子。
You can sit around this table.

Hǎo a, zhè xiē shì nǐ de péng you ma?
S：好啊，这 些 是 你的 朋 友 吗？
Ok, are these your friends?

Shì wǒ mèi mei de péng you men.
L：是 我 妹 妹 的 朋 友 们。
They are my sister's friends.

Yīn wèi jīn tiān dà xué bú shàng kè, suǒ yǐ yì qǐ lái wán.
因为 今天 大学 不 上 课，所以一起来玩。
Because today there is no class in the university, so they come and play together.

Wǒ gěi nǐ jiè shào yí xià?
我 给 你 介绍 一下？
Let me introduce them to you?

Bú yào bú yào, wǒ tīng de dǒng Zhōng guó huà.
S：不要 不要，我 听 得 懂 中 国 话。
No, I can understand Chinese.

Nǐ máng nǐ de qù ba!
你 忙 你的 去吧！
(since) You're busy, go ahead!

Sam, nǐ men zài liáo shén me ne?
L：Sam，你们 在 聊 什 么 呢？
Sam, what are you talking about?

Nǐ men zhuō diǎn hǎo cài le ma?
你 们 桌 点 好 菜 了 吗？
Have you ordered yet?

61

S: Nǐ zěn me yòu lái le? Bié zháo jí,
你 怎么 又 来 了？别 着急，
How come you are here again? Don't worry,

wǒ men zài liáo zuó tiān xīn chū de yì běn shū.
我 们 在 聊 昨天 新 出 的 一 本 书。
we are talking about a new book yesterday.

Wǒ men kàn le cài dān zài diǎn cài.
我 们 看了 菜单 再 点 菜。
We will see the menu and order.

L: Nǐ men xiǎng hǎo le jiù gēn wǒ shuō.
你们 想 好 了 就 跟 我 说。
Just tell me when you are ready to order.

Wǎn hé kuài zi nǐ men dōu yǒu le ba?
碗 和 筷子 你们 都 有 了 吧？
Do you have bowls and chopsticks?

S: Dōu yǒu le, dōu yǒu le. Nǐ bù máng de huà
都 有 了，都 有 了。你 不 忙 的 话
There are all there. If you are not busy,

qù nèi biān hē tāng ba, wǒ jué de nèi wǎn tāng bú cuò.
去那边喝汤吧，我 觉得那 碗 汤 不错。
go there and drink soup, I think that bowl of soup is good.

Sam=S   Hán Méiméi
       韩 梅 梅 =H

S: Nǐ jué de páng biān de shū diàn zěn me yàng?
你 觉得 旁 边 的 书店 怎 么 样？
How do you think of the bookstore nearby?

62

Wǒ xǐ huan nà biān de hēi kā fēi.
我 喜 欢 那 边 的 黑咖啡。
I like the black coffee there.

H： Wǒ yě xǐ huan. Hē qǐ lái yǒu diǎnr kǔ.
我 也 喜欢。喝起来 有 点(儿)苦。
I like it too. It tastes a bit bitter.

S： Jué de kǔ de huà, nǐ kě yǐ jiā diǎnr táng.
觉 得 苦的 话, 你可以 加点(儿) 糖。
If you feel bitter, you can add some sugar.

H： Wǒ xǐ huan tā jiù shì yīn wèi kǔ.
我 喜 欢 它 就 是 因 为 苦。
I like it just because it's bitter.

Hē le kā fēi zài chī píng guǒ huò zhě xī guā,
喝了 咖啡 再 吃 苹 果 或者 西瓜,
Eat apples or watermelons after drinking coffee,

nǐ huì jué de fēi cháng tián.
你 会 觉 得 非 常 甜。
you will feel very sweet.

S： Duì a! Yīn wèi kā fēi kǔ,
对啊！因 为 咖啡 苦,
Right! Because coffee is bitter,

suǒ yǐ píng guǒ hé xī guā huì fēi cháng tián.
所 以 苹 果 和 西瓜 会 非 常 甜。
apples and watermelons will be very sweet.

Hóng píng guǒ, hēi kā fēi, yòu hǎo chī yòu hǎo kàn.
红 苹 果, 黑 咖啡, 又 好吃 又 好看。
Red apples, black coffee, delicious and good-looking.

Homework

zuò yè
作 业

Shuō yi shuō nǐ xǐ huan chī shénme   Wèishénme ne
说 一 说 你 喜 欢 吃 什 么？为 什 么 呢？

Talk about what you like to eat. Why?

Understand the radical of Chinese characters

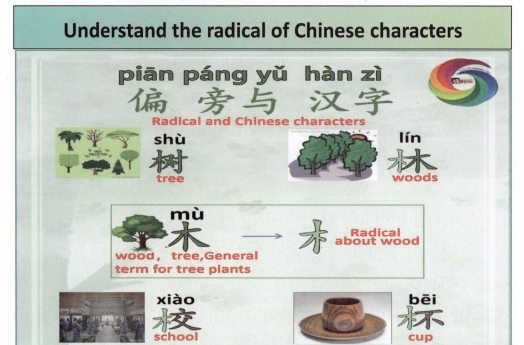

Lesson 20

Dì'èr shí kè
第 二十 课

Tā yǒu yì shuāng hēi sè de dà yǎn jing
她 有 一 双 黑色的 大 眼 睛

She has a pair of big black eyes

生词 New words:

last time

next time

Wǒ men shàng cì jiàn miàn shì xīng qī yī.
我 们 上次见面 是 星期一。
The last time we met was Monday.

Nǐ shàng cì qù yī yuàn shì shén me shī hou?
你 上次去医院 是 什么 时候？
When was the last time you went to the hospital?

Wǒ men xià cì qù kàn diàn yǐng, zěn me yàng?
我 们 下次 去 看 电 影，怎 么 样？
How about going to the movies next time?

hēi sè
黑 色
black colour

Zuó tiān tā chuān le yí jiàn hēi sè de yī fu.
昨 天 他 穿 了一 件黑色的衣服。
He wore a black clothes yesterday.

Nà ge hēi sè de bēi zi shì wǒ de.
那 个 黑色的 杯子 是 我的。
That black cup is mine.

yǎn jing
眼 睛

Tā yǒu yì shuāng hēi sè de dà yǎn jing.
她 有 一 双 黑色的 大眼 睛。
She has a pair of big black eyes.

Tā de yǎn jing huì shuō huà.
她的 眼睛 会 说 话。
Her eyes can speak.

eye

xiào 笑 laugh, smile

Tā yí kàn jiàn wǒ jiù xiào le.
她一看见我就笑了。
She smiled as soon as she saw me.

Tā yǒu yì shuāng hēi sè de dà yǎn jing, xiào qǐ lái hěn hǎo kàn.
她有一双黑色的大眼睛，笑起来很好看。
She has a pair of big black eyes, looking good when smiling.

suān 酸 sour **tài suān le 太酸了** too sour

Zhè ge píng guǒ tài suān le.
这个苹果太酸了。
This apple is too sour.

là 辣 hot(taste)spicy **tài là le 太辣了** too spicy

Jīn tiān de cài tài là le.
今天的菜太辣了。
Today's dish is too spicy.

Wǒ bù xǐ huan chī suān de, xǐ huan chī là de.
我不喜欢吃酸的，喜欢吃辣的。
I don't like sour (food), I like spicy (food).

yán sè 颜色 colour

Nǐ mǎi de xīn xié shì shén me yán sè de?
你买的新鞋是什么颜色的？
What colour are the new shoes you bought?

Wǔ yán liù sè de fáng zi
五颜六色的房子
colorful houses

Wǔ yán liù sè de yī fu
五颜六色的衣服
colorful clothes

Glossary 生词表：

次	cì	times, bout
上次	shàng cì	last time
黑色	hēi sè	black color
眼睛	yǎn jing	eye
笑	xiào	laugh, smile
酸	suān	sour
辣	là	hot(taste)
颜色	yán sè	color

课文 Text:
kèwén Tā yǒu yì shuāng hēi sè de dà yǎnjing
她有一双黑色的大眼睛

She has a pair of big black eyes

Sam=S 李雷=L

S： Lǐ Léi, nǐ rèn shi Hán Méiméi ma?
李雷，你认识韩梅梅吗？
Li Lei, do you know Han Meimei?

L： Wǒ mèi mei de tóng xué ma?
我妹妹的同学吗？
Is she my sister's classmate?

S： Shàng cì Mos shēng rì de shí hou yì qǐ lái de nà ge?
上次 Mos 生日的时候一起来的那个？
The one who came with others at Mos's birthday last time?

S： Duì, jiù shì tā. Yǒu yì shuāng hēi sè de dà yǎn jing,
对，就是她。有一双黑色的大眼睛，
Yes, it is her. The one who has a pair of big black eyes

xiào qǐ lái hěn hǎo kàn de nà ge.
笑起来很好看的那个。
and looks nice when smiling.

Bú rèn shi. Nà tiān wǒ tài máng le, hē tài duō tāng le.
L: 不认识。那天 我 太 忙 了，喝 太多 汤 了。
I didn't know. I was too busy that day, drinking too much soup.

Homework
zuò yè
作 业

Zuò yè　　Shuō yi shuō nǐ　xǐ huanshuí　　Wèishénme
作业：说 一 说 你 喜 欢 谁？为 什 么？

Talk about who you like? Why?

Lesson 21

Dì 'èr shí yī kè
第 二十一 课

Jiǎozi hé miànbāo
饺子 和 面 包

Dumplings and bread

生词 New words：

jiǎo zi
饺子
dumplings

bāo zi
包子
steamed stuffed bun

bāo
包
① n.-bag
② v.-wrap

shū bāo
书包
schoolbag

qián bāo
钱包
wallet

bāo jiǎo zi
包饺子
make dumplings

bāo bāo zi
包包子
make stuffed buns

bāo zi
包子
steamed stuffed bun

dǎ bāo
打包
pack (food, luggage...)

Nǐ huì bāo jiǎozi mā?
你会包 饺子 吗？
Can you make dumplings?

Nǐ xǐhuan chī bāozi ma?
你 喜欢 吃 包子 吗？
Do you like steamed stuffed buns?

miàn
面
flour, noodles

miàn bāo
面包
bread

Wǒ zǎoshang chī le hěnduō miànbāo.
我 早 上 吃了 很 多 面 包。
I had a lot of bread in the morning.

71

miàn tiáo
面条 — strip, bar
noodles

Zhè wǎn miàn tiáo zěn me yàng?
这 碗 面 条 怎 么 样？
How about this bowl of noodles?

Zhè wǎn miàn tiáo zhēn shì tài hǎo chī le.
这 碗 面 条 真 是 太 好 吃 了。
This bowl of noodles is really delicious.

hái shì
A 还 是 B?
A or B?

indicatets the possibility of selection.

Nǐ xǐ huan chī jiǎo zi hái shì miàn tiáo?
你喜 欢 吃 饺子 还是 面 条？
Do you like eating dumplings or noodles?

Wǒ xǐ huan chī jiǎo zi.　　Tā xǐ huan chī miàn tiáo.
我 喜 欢 吃 饺 子。　　她 喜 欢 吃 面 条。
I like dumplings.　　　　She likes noodles.

jiān jiǎo
pan-fry, sautee
煎饺
fried dumplings

chǎo cài
stir-fry　vegetble
炒菜　dish
stir fry

zhá yú
fish
炸鱼
fried fish
fry in deep fat or oil

zhǔ jī dàn
boil / egg
煮 鸡 蛋
boiled eggs

zhēng bāo zi
steam stuffed bun
蒸 包子
steamed stuffed bun

tiān
天
god, heavens

Wǒ de tiān a!
我 的 天 啊!
My God!

zhè me
这么
so, such (like this)

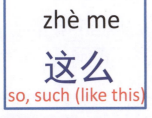

zhè me nán
这么难
so/such difficult

Wǒ de tiān a! Bāo jiǎozi zěn me zhè me nán!
我 的天啊！包饺子怎么 这么难！
My God! Why is making dumplings so difficult!

qǐng
请
qǐng kè
请客
stand treat

treat, please,
treat sb
(meal, coffee
and so on)

A: Jīn wǎn wǒ qǐng nǐ chīfàn.
今 晚 我 请你 吃饭。
This evening I'll treat you dinner.

B: Bié, zuó tiān nǐ qǐng kè le, jīn tiān wǒ qǐng nǐ.
别，昨天你请客了，今天我请你。
No, it was your treat yesterday, today is my treat.

73

Handa Chinese

| yì si
意思
meaning | shén me yì si
什么 意思
What's meaning? |

Zhè ge zì de yìsi shì shénme?
这个字的意思是什么？
What's the meaning of this character?

Nǐ (shì) shénme yìsi?
你(是)什么 意思？
What do you mean?

yǒu yì si
有意思
interesting

Zhè běn shū hěn yǒu yì si.
这 本 书 很 有 意思。
The book is very interesting.

bù hǎo yì si
不好 意思
feel shy, sorry, be embarrassed (to do sth.)

Tā yǒu diǎnr bù hǎo yì si.
她 有 点儿 不好 意思。
She is a little shy.

Bù hǎo yì si, qǐng wèn...?
不好意思， 请问……？
Excuse me, may I ask...?

piàn
片
piece (sheet or slice)

yí piàn miàn bāo
一片 面 包
a piece of bread

kuài
块
piece (without regular shape), lump

yí kuài(r) miàn bāo
一块(儿) 面 包
a piece of bread

bàn
半
half

yí bàn
一半
a half

bàn ge
半个
half a

bàn ge píng guǒ
半个苹果
half an apple

74

Glossary 生词表：

饺子	jiǎo zi	dumplings
还是	hái shì	or (indicates the possibility of selection)
面包	miàn bāo	bread
请	qǐng	treat (meal, coffee, etc.)
面条	miàn tiáo	noodles
面	miàn	flour
意思	yì si	meaning
片	piàn	piece, slice
半	bàn	half
块	kuài	piece (without regular shape)
打包	dǎ bāo	pack (luggage, food, etc)
不好意思	bù hǎo yì si	feel embarrassed (to do sth.), sorry, excuse me
包子	bāo zi	bun, steamed stuffed bun
包	bāo	wrap, bag
煎	jiān	pan-fry, sauteed
炒	chǎo	stir-fry
煮	zhǔ	boil, cook
炸	zhá	deep-fry
蒸	zhēng	steam
天	tiān	god, heavens
这么	zhè me	so much
有意思	yǒu yì si	interesting

Kè wén 　　　　Jiǎo zǐ hé miànbāo
课文 Text:　　饺子和面包

Dumplings and bread

Sam=S　李雷=L

(一)

S: 李雷，你知道韩梅梅喜欢吃什么吗？
Lǐ Léi, nǐ zhī dào Hán Méiméi xǐ huan chī shén me ma?
Li Lei, do you know what Han Meimei likes to eat?

L: 我怎么知道？
Wǒ zěn me zhī dào?
How do I know?

S: 那她是喜欢饺子还是面包呢？
Nà tā shì xǐ huan jiǎo zi hái shì miàn bāo ne?
Does she like dumplings or bread?

L: 你今天晚上请我吃饭的话，
Nǐ jīn tiān wǎn shang qǐng wǒ chī fàn de huà,
If you invite me to dinner this evening,

我就帮你问问我妹妹。
wǒ jiù bāng nǐ wèn wèn wǒ mèi mei.
I will help you ask my sister.

（二）

S: 李雷，早上好！你问了吗？
Lǐ Léi, zǎo shang hǎo! Nǐ wèn le ma?
Li Lei, good morning! Have you asked?

她喜欢吃饺子还是面条？
Tā xǐ huan chī jiǎo zi hái shì miàn tiáo?
Does she like to eat dumplings or noodles?

L: 啊？你的意思是你真的想知道？
Á? Nǐ de yì si shì nǐ zhēn de xiǎng zhī dào?
Ah? So you mean that you really want to know?

S: 你是什么意思？
Nǐ shì shén me yì si?
Are you kidding me?

Nǐ shuō wǒ qǐng nǐ chī fàn nǐ jiù bāng wǒ de!
你说我 请你吃饭你就帮我的！
You said that if I take you to dinner, you will help me!

L：
Zuó tiān nǐ chī de duō a!
昨天你吃的多啊！
You ate too much yesterday!

Wǒ jiù chī le liǎng piàn miàn bāo bàn kuài píng guǒ,
我就吃了两片面包 半块苹果，
I only ate two slices of bread and half a piece of apple,

nǐ zǒu de shí hou hái dǎ bāo le, nǐ hǎo yì si ma?
你走的时候还打包了，你好意思吗？
and you packed all the rest when you left. Aren't you embarrassed?

（三）

S：
Lǐ Léi, bù hǎo yì si, dōu xià wǔ le, nǐ wèn le méi yǒu a?
李雷，不好意思，都下午了，你问了没有啊？
Li Lei, sorry to bother you. It's already afternoon. Did you ask?

L：
Hǎo ba hǎo ba, wǒ gēn nǐ shuō, tā shì Běi jīng rén,
好吧好吧，我跟你说，她是北京人，
OK, okay, let me tell you, she is a Beijinger,

suǒ yǐ tā xǐ huan chī jiǎo zi huò zhě bāo zi.
所以她喜欢 吃饺子或者包子。
so she likes to eat dumplings or buns.

S：
Tài hǎo le! Wǒ míng tiān qǐng tā lái nǐ jiā,
太好了！ 我 明天 请她来你家，
Great! I will invite her to your house tomorrow,

wǒ men yì qǐ bāo jiǎo zi ba!
我们一起包饺子吧！
let's make dumplings together!

77

L: Nǐ huì bāo jiǎo zi ma?
你 会 包 饺子 吗？
Can you make dumplings?

S: Nǐ huì a! jiān chǎo zhǔ zhá zhēng,
你会啊！ 煎 炒 煮 炸 蒸，
You can! Pan-fry, stir-fry, boil, deep-fry and steam,

méi yǒu nǐ bú huì de. Zhǎo nǐ jiù méi wèn tí!
没 有 你不会 的。找 你 就 没问题！
there's nothing you can't handle. Everything is good if you're here!

（四）

S: Wǒ de tiān a! Bāo jiǎo zi zěn me zhè me nán!
我 的 天啊！包 饺子 怎么 这么 难！
My God! Why is making dumplings so difficult!

L: Bāo jiǎo zi nǎ lǐ nán a!
包 饺子 哪里 难啊！
I can't see any difficulty about making dumplings!
(Where is the difficulty of making dumplings?)

Wǒ jué de yì diǎnr yě bù nán, hěn yǒu yì si.
我 觉得 一点(儿) 也不 难， 很 有意思。
I feel that it's not difficult at all, and it's very interesting.

S: Wǒ jué de tài nán le! Xiàn zài nǐ bāng wǒ bāo hǎo ba,
我 觉得 太难了！现在 你帮 我 包好 吧，
I think it is too difficult! Now can you help me wrap it,

Hán Méiméi xià wǔ dào.
韩 梅 梅 下午 到。
Han Meimei will arrive in the afternoon.

L: Hǎo a, nà wǒ xiàn zài bāo jiǎo zi, nǐ kě yǐ chū qù le.
好啊，那我 现在 包饺子，你可以出去了。
OK, then I make dumplings now, you can go out.

78

Duì le, xià wǔ bié guò lái a, wǒ hé wǒ mèimei,
对了，下午 别 过来 啊，我和我 妹妹、

By the way, don't come over in the afternoon.

Hán Méiméi sān ge rén yì qǐ chī jiǎo zi.
韩梅梅 三 个 人 一起 吃饺子。

I will eat dumplings with my sister and Han Meimei (three persons).

Homework
zuò yè
作 业

Biān yí duàn duìhuà hé péngyou yì qǐ zhǔnbèi yí dùn wǎncān
编一 段 对话，和 朋 友一起 准 备一顿 晚 餐，
bìngqiě yāoqǐng tóngxué lái
并且邀 请 同 学来。

Make a conversation, prepare a dinner with friends and invite classmates to come.

For example:

nǐ wǎnshang yǒu shí jiān ma   Wǒ xiǎng qǐng nǐ chī wǎnfàn
A: ___，你晚 上 有时间吗？我 想 请你吃晚饭。

___, Do you have time in the evening? I'd like to invite you to dinner.

Hǎo ya   wǒ wǎnshang yǒu shí jiān
B: 好呀，我 晚 上 有时间。

OK, I have time in the evening.

Nǐ xǐ huan chī   hái shì
A: 你喜 欢 吃____还是____？

Do you like_____or_____?

Wǒ xǐ huan chī
B: 我喜 欢 吃_____。

I like to eat_____.

79

Lesson 22

Dì' èr shí èr kè

第 二十二 课

Yì qǐ chīshāo kǎo ba!

一 起 吃 烧 烤 吧！

Let's have a barbecue together!

生词 New words:

bái tiān
white day, sky
白   天
daytime, day

Jīn tiān bái tiān tā lái le liǎng cì.
今 天 白 天 他 来 了 两 次。
He came twice during the day.

Wǒ bái tiān gěi Mos dǎ diàn huà le.
我 白 天 给 Mos 打电 话了。
I called Mos during the day.

shǔ shù
数 数
count number

Cóng yī shǔ dào yì bǎi.
从 一 数 到 一 百。
Count from one to one hundred.

Zhè ge shù shì 88.
这 个 数 是 88。
The number is 88.

mián yáng
绵 羊 → general name for goat and sheep
sheep

zhī
只

a quantifier to measure animal

Nà biān yǒu sān zhī hēi mián yáng hé qī zhī bái mián yáng.
那 边 有 三 只 黑 绵 羊 和 七 只 白 绵 羊。
There are three black sheep and seven white sheep over there.

shān yáng
hill, mountain 山 羊 goat

Zhèr yǒu yì zhī bái shān yáng.
这儿有 一只白 山 羊。
Here is a white goat.

niú
牛
cattle

Niú shì wǒ men de péng you.
牛 是 我 们 的 朋 友。
Cattles are our friends.

máo
毛
hair, wool, feather

yáng máo
羊 毛
wool

máo yī
毛 衣
(wool) sweater

Zhè jiàn máo yī hěn piào liang.
这 件 毛 衣 很 漂 亮。
This sweater is very beautiful.

nǎi
奶
milk

niú nǎi
牛 奶
milk

yáng nǎi
羊 奶
ewe's milk

suān nǎi
sour
酸 奶
yogurt

nǎi niú
奶 牛
cow

nǎi nai
奶 奶
grandmother

ròu
肉
meat

niú ròu
牛 肉
beef

yáng ròu
羊 肉
mutton

Nǐ xǐ huan chī yáng ròu hái shì chī niú ròu?
你喜欢 吃羊肉 还是吃牛肉？
Do you like eating mutton or beef?

Wǒ xǐ huan chī yáng ròu.
我 喜 欢 吃 羊 肉。
I like mutton.

kǎo
烤
bake, roast,
put things above/near the fire.

kǎo huǒ
烤 火 fire

Tiān qì tài lěng le, wǒ men zài yì qǐ kǎo huǒ.
天 气 太 冷 了，我 们 在 一 起 烤 火。
It's too cold, let's get warm by the fire together.

kǎo yáng ròu
烤羊肉
roast mutton
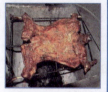

kǎo yā
duck
烤鸭
roast duck

Zhè shì shén me?
这 是 什 么？
What is this?

Zhè shì Běijīng kǎo yā.
这 是 北京 烤 鸭。
This is Beijing roast duck.

shāo
烧
burn, bake

shāo shuǐ
烧 水
heat up water

shāo kǎo
烧 烤
barbecue

Shuǐ shāo kāi le.
水 烧 开 了。
The water is boiled.

Wǒ men yì qǐ qù chī shāo kǎo ba!
我 们 一起去 吃 烧 烤 吧！
Let's go to have barbecue together!

Nǐ xǐ huan chī kǎo yáng ròu hái shì kǎo niú ròu?
你喜 欢 吃烤 羊 肉 还 是 烤 牛 肉？
Do you like roast mutton or roast beef?

pán zi
盘 子
plate
quantifier to measure dishes (by plate)

liǎng pán jiǎo zi
两 盘 饺子
two plates of dumplings

83

má là
numb　spicy, hot
麻 辣

(taste)numb and hot, incredible spicy

Yì pán má là niú ròu
一盘 麻辣 牛 肉
a plate of spicy beef

Wǒ xiǎng chī má là niú ròu miàn.
我 想 吃 麻辣 牛 肉 面。
I'd like to eat spicy beef noodles.

bǐ
比

than, compare

| A | bǐ 比 | B | +adj. |

A... adj....than B.

A and B in a comparative sentence must be compared with two things of the same category.

Xī guā bǐ píng guǒ dà.
西瓜 比 苹 果 大。
　A　than　　B　adj.
Watermelons are bigger than apples.

Píng guǒ bǐ xī guā duō.
苹 果 比西 瓜 多。
　A　than　B　adj.
Apples are more than watermelons.

| A | 比 | B | +adj.+多了/一点儿/数量 |

A ...much / a little / number adi. ...than B.

Píng guǒ bǐ xī guā duō 3 ge.
苹 果 比西 瓜 多 3 个。
　A　than　B　adj. number
Apples are 3 more than watermelons.

Niú ròu miàn bǐ yáng ròu miàn hǎo chī duō le.
牛 肉 面 比 羊 肉 面 好 吃 多了。
　A　than　　　B　　adj.　much
Beef noodles are much more delicious than mutton noodles.

84

Handa Chinese

píng zi
瓶 子
bottle
measure word used for bottled things

jiǔ píng
酒 瓶
alcohol bottle

yào píng
药 瓶
medicine bottle

pí jiǔ
啤酒
beer

yì píng niú nǎi
一 瓶 牛奶
a bottle of milk

liǎng píng pí jiǔ
两 瓶 啤酒
two bottles of beer

Wǒ hē le yì píng pí jiǔ, nǐ ne?
我 喝了 一瓶 啤酒，你呢？
I drank a bottle of beer, and you?

Wǒ hē le sān píng, bǐ nǐ duō liǎng píng.
我 喝了 三 瓶，比你 多 两 瓶。
I drank three bottles, two more than you.

……yì biān……, yì biān……
…… 一边……, 一边……
When two actions occur at the same time

Tā yì biān chī fàn, yì biān kàn shǒu jī.
她 一边 吃饭， 一 边 看 手机。
She looked at her cell phone while eating.

Tā yì biān kāi chē, yì biān dǎ diàn huà.
他 一边 开 车， 一边 打 电 话。
He was talking on the phone while driving.

Glossary 生词表：

白	bái	white
白天	bái tiān	day time
数	shù	number
数	shǔ	count
羊	yáng	general name for goat and sheep
只	zhī	a quantifier to measure animal
肉	ròu	meat
山羊	shān yáng	goat
绵羊	mián yáng	sheep
烤	kǎo	put things above/near the fire
牛	niú	cattle
比	bǐ	than, compare
一边……一边……	yì biān…… yì biān……	two actions at the same time
奶	nǎi	milk
酸奶	suān nǎi	yogurt
瓶	píng	bottle
啤酒	pí jiǔ	beer
盘	pán	a quantifier to measure dishes (by plate)
盘子	pán zi	plate
麻	má	numb
麻辣	má là	(taste)numb and hot, incredible spicy
烧	shāo	burn, roast
烧烤	shāo kǎo	barbecue
毛	máo	hair, wool, feather
毛衣	máo yī	wool sweater

Text:

Yì qǐ chī shāo kǎo ba
一起吃烧烤吧!

Let's have a barbecue together!

Sam=S   李雷=L

S: Wèi, Lǐ Léi, wǒ shì Sam. Nǐ shuì le ma?
喂，李雷，我是Sam。你睡了吗？
Hello, Li Lei, I am Sam. Are you asleep?

L: Wǒ 9 diǎn bàn jiù shuì le, xiàn zài shì 10 diǎn 43fēn,
我9点半就睡了，现在是10点43分，
I slept at 9:30, and now it is 10:43.

nǐ jué de ne?
你觉得呢？
What do you think?

S: Jīn tiān bái tiān hé nǐ men yì qǐ bāo jiǎo zi, chī jiǎo zi,
今天白天和你们一起包饺子、吃饺子，
I am so happy for making and eating dumplings with you and

wǒ tài kāi xīn le.
我太开心了。
your friends during the day.

L: Nǐ bù xiǎng shuì jiào de huà, kě yǐ shǔ yáng.
你不想睡觉的话，可以数羊。
If you don't want to sleep, you can count sheep.

Shǔ yì bǎi zhī yáng, nǐ jiù xiǎng shuì le.
数一百只羊，你就想睡了。
Count a hundred sheep, you just want to sleep.

S: Wǒ shǔ le, xiàn zài wǒ xiǎng chī yáng ròu.
我 数了， 现 在 我 想 吃羊 肉。
I counted. Now I want to eat mutton.

（二）

S: Lǐ Léi, nǐ jué de shān yáng ròu hé mián yáng ròu,
李雷， 你 觉得 山 羊 肉 和 绵 羊 肉，
Li Lei, You think goat meat and sheep meat, which one is delicious?

nǎ ge hǎo chī?
哪个 好 吃？

L: Jiān de huà shān yáng ròu bǐ mián yáng ròu hǎo chī.
煎 的 话 山羊 肉 比 绵羊 肉 好吃。
If fried, goat meat is more delicious than sheep meat.

Kǎo yáng ròu mián yáng bǐ shān yáng hǎo chī.
烤 羊肉 绵羊 比 山羊 好 吃。
If roasted mutton, sheep meat is more delicious than goat meat.

S: Nà yáng ròu miàn ne?
那 羊 肉 面 呢？
What about the mutton noodles?

L: Niú ròu miàn bǐ yáng ròu miàn hǎo chī duō le.
牛 肉 面 比 羊 肉 面 好吃 多了。
Beef noodles are much better than mutton noodles.

S: Chī niú ròu miàn de huà, yì biān chī yì biān hē suān nǎi,
吃牛肉 面 的话， 一边 吃 一边喝 酸奶，
If we eat beef noodles, how do you think drinking yogurt while eating?

nǐ jué de zěn me yàng?
你 觉得 怎 么 样？

L： Kǎo yáng ròu hé suān nǎi yì qǐ, zài lái yì píng pí jiǔ.
烤 羊 肉 和 酸奶 一起，再来一 瓶啤酒。
Roast mutton with yogurt together, and a bottle of beer.

S： Zài lái yì pán shuǐ zhǔ niú ròu!
再 来 一 盘 水 煮 牛肉！
One more plate of boiled sliced beef !

L： Duì! Shuǐ zhǔ niú ròu yòu má yòu là,
对！ 水 煮 牛 肉 又 麻 又 辣，
Right! Boiled beef is numb and spicy,

gēn pí jiǔ hé kǎo yáng ròu yì qǐ, tài hǎo chī le!
跟 啤酒 和 烤 羊 肉 一起，太好吃 了！
with bear and roast mutton togther, so delicious!

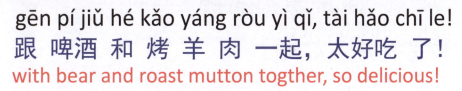

（三）

S： Lǐ Léi, xiàn zài nǐ hái xiǎng shuì jiào ma?
李雷， 现 在你 还 想 睡 觉 吗？
Li Lei, do you still feel sleepy now?

L： Bié shuō le, yì qǐ qù chī shāokǎo ba!
别 说 了， 一 起 去 吃 烧烤 吧！
Let it rest, let's go and eat barbecue together.

Jīn tiān wǎn shang nǐ yào qǐng wǒ.
今 天 晚 上 你要 请 我。
You need to treat me tonight.

S： Wǒ de jiǔ diàn xià miàn jiù yǒu shāo kǎo.
我 的 酒 店 下 面 就 有 烧 烤。
There is a barbecue place under my hotel.

Chū lái yào chuān máo yī, wǎn shang yǒu diǎnr lěng.
出来 要 穿 毛 衣， 晚 上 有 点(儿)冷。
Wear a sweater when coming out, it's a bit cold at night.

L: Méi wèn tí.　　Shāo kǎo, wǒ lái le!
　　没　问　题。　烧　烤，我　来　了！
No problem. BBQ, I am coming!

Homework
zuò　yè
作　业

Pāi yì zhāng nǐ chīfàn de zhàopiàn
拍一　张　你吃饭的　照　片，
shuōshuo zhàopiàn li dōu yǒu nǎ xiē chī de
说　说　照　片里　都　有　哪　些　吃的，
nǐ jué de hǎo bu hǎo chī
你觉得好不好吃？

Take a photo of your meal, talk about what you eat in the photo and whether you think it's delicious or not.

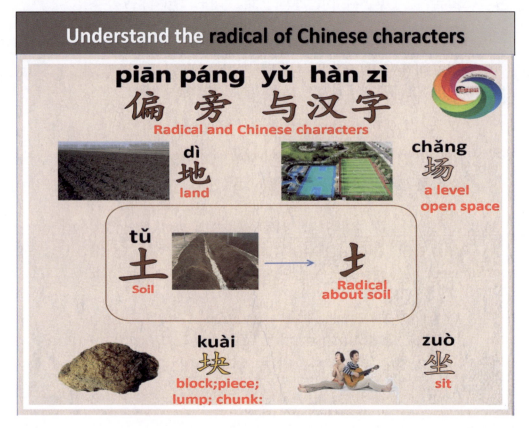

Lesson 23

Dì'èr shí sān kè
第 二十三 课

Zhēn xiāng
真 香!

Really tasty!

生词 New words：

sù 素 vegetarian
chī sù 吃素 be a vegetarian

Wǒ bù chī sù.
我 不 吃素。
I'm not a vegetarian.

Xiǎo sū měi tiān dōu chī sù.
小 苏 每 天 都 吃素。
Xiao Su is a vegetarian every day.

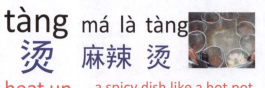

tàng 烫 heat up
má là tàng 麻辣烫 a spicy dish like a hot pot

Má là tàng hěn hǎo chī.
麻 辣 烫 很 好 吃。
Spicy hot pot is delicious.

Wǒ ài chī má là tàng.
我 爱吃 麻 辣 烫。
I like spicy hot pot.

gè zhǒng 各 种
every, all, each — kind, sort, type, variety
various, all kinds of...

shū cài 蔬 菜 vegetables

Wǒ men diǎn yī xiē shū cài ba.
我 们 点 一 些 蔬 菜 吧。
Let's order some vegetables.

Má là tàng li yǒu gè zhǒng shū cài.
麻 辣 烫 里 有 各 种 蔬 菜。
There are all kinds of vegetables in Malatang.

| **xiāng**
香 |  | Má là tàng zhēn xiāng a!
麻辣烫 真香 啊!
Spicy hot pot is really delicious! |

fragrant, savoury, tasty, delicious

| **yú**
鱼
fish | **kǎo yú**
烤鱼
roast fish | | Kǎo yú yě hěn xiāng.
烤鱼也很香。
The roast fish is also tasty. |

| **jī**
鸡 
chicken | **jī ròu**
鸡肉 
chicken | **jī dàn**
鸡蛋 
egg |

Zhèr yǒu sān zhī jī.
这儿有 三 只 鸡。
Here are three chickens.

Wǒ xǐ huan chī chǎo jī dàn hé shāo jī.
我 喜 欢 吃 炒 鸡蛋 和 烧 鸡。
I like stir-fry eggs and roast chicken.

| **é**
鹅 
goose | **tiān'é**
天鹅 
swan |

| Tiān'é shì' é ma?
天 鹅 是鹅吗?
Is a swan a goose? | Tiān'é bú shì'é.
天 鹅 不是鹅。
Swans are not geese. |

| **xiāng jìn**
相 近
similar, close | Tā men de míng zi hé yàng zi hěn xiāng jìn.
它们的 名字 和 样子 很 相 近。
Their names and appearances are very similar. |

Guǎng zhōu de shāo'é zhēn de hěn hǎo chī.
广 州 的 烧鹅 真的 很 好 吃。
Guangzhou's Roast Goose is really very delicious.

yā
鸭
duck

kǎo yā
烤 鸭
roast duck

shāoyā
烧 鸭
roast duck

shāo'é
烧 鹅
roast goose

Běijīng rén ài chī kǎo yā.
北 京 人 爱 吃 烤 鸭。

The people of Beijing like to eat roast duck.

Guǎng zhōu rén ài chī shāo yā hé shāo'é.
广 州 人爱 吃 烧 鸭 和 烧 鹅。

The people of Guangzhou like to eat roast duck and roast goose.

niú
牛
cattle

nǎi niú
奶 牛
cow

Nǎi niú shì niú.
奶 牛 是 牛。
Cows are cattles.

shuǐ niú
水 牛
buffalo

Shuǐ niú shì niú.
水 牛 是 牛。
Buffalos are cattles.

máo niú
牦 牛
yak

Máo niú shì niú.
牦 牛 是 牛。
Yaks are cattles.

hóng niú
红 牛
Red Bull

Hóng niú bú shì niú.
红 牛 不 是 牛。
Red Bulls are not cattles.

wō niú
蜗 牛
snail

Wō niú bú shì niú
蜗 牛 不 是 牛。
Snails are not cattles.

94

culture, article, writing

Chinese language

课 文 kè wén
text

Xiàn zài yǒu hěn duō rén xué xí Zhōng wén.
现在有很多人学习中文。
Many people are learning Chinese now.

Jīn tiān de kè wén hěn yǒu yì si.
今天的课文很有意思。
Today's text is very interesting.

dog

cat

Nà yǒu yì zhī māo hé yì zhī gǒu.
那有一只猫和一只狗。
There is a cat and a dog.

Glossary 生词表：

请客	qǐng kè	entertain guest, invite sb. to meal
素	sù	vegetarian
吃素	chī sù	(be a) vegetarian
麻辣烫	má là tàng	a very spicy dish like a hot pot
蔬菜	shū cài	vegetables
鱼	yú	fish
香	xiāng	fragrant
鸡	jī	chook
蛋	dàn	egg
鸭	yā	duck
烧	shāo	burn, roast
鹅	é	goose

中文	Zhōng wén	Chinese language
文	wén	(written)language
猫	māo	cat
狗	gǒu	dog
天鹅	tiān é	swan
红牛	hóng niú	Red Bull
牦牛	máo niú	yak
蜗牛	wō niú	snail

Text: Zhēnxiāng
真 香

Really tasty

Sam=S 韩梅梅=H

S：Hán Méiméi, nǐ zěn me yě zài zhèr?
韩 梅 梅，你 怎 么 也 在 这儿？
Han Meimei, why are you here too?

H：Tom, Mos hé Lǐ Léi dōu zài,
Tom、Mos 和李雷 都 在，
Tom, Mos and Li Lei are all here,

wèi shén me wǒ bù néng zài zhèr?
为 什 么 我 不 能 在 这儿？
why can't I be here?

S：Nǐ men yì qǐ lái chī shāo kǎo a?
你 们 一起来 吃 烧 烤 啊？
Do you have a barbecue together?

Huān yíng huān yíng, jīn tiān wǎn shang wǒ qǐng kè!
欢 迎 欢 迎，今 天 晚 上 我 请 客！
Welcome, I will treat you tonight!

H: Nǐ qǐng Lǐ Léi ba! Nǐ hé tā yì qǐ chī shāo kǎo,
你 请 李雷吧！你 和 他一起吃 烧 烤，
You treat Li Lei! You have a barbecue with him,

wǒ chī sù, suǒ yǐ wǒ gēn Mos tā men qù chī má là tàng.
我吃素，所以我跟 Mos 他们去吃 麻辣烫。
I am a vegetarian, so I will go to eat malatang with Mos.

Sam=S 李雷=L

S: Wǒ men diǎn yì xiē shū cài ba. Hán Méiméi chī sù.
我 们 点 一些 蔬菜吧。韩 梅 梅 吃素。
Let's order some vegetables. Han Meimei is a vegetarian.

L: Tā chī sù hé wǒ men yǒu shén me guān xi?
她 吃素 和 我们 有 什么 关 系？
What does her vegetarianism have to do with us?

Tā zài nà biān chī má là tàng ne.
她在 那 边 吃 麻 辣 烫 呢。
She is eating malatang over there.

S: Lǐ Léi, Hán Méiméi bú shì chī sù ma?
李雷，韩 梅 梅 不 是 吃素 吗？
Li Lei, isn't Han Meimei a vegetarian?

Nǐ kàn, zěn me tā hé Mos yì qǐ diǎn le kǎo yú ne?
你看，怎 么 她和 Mos 一起点 了烤鱼呢？
Look, how did she order the grilled fish with Mos?

L: Bù zhī dào. Wǒ jué de tā shì yīn wèi kàn jiàn nǐ chī ròu,
不知道。我 觉得她是因为 看见 你吃肉，
I don't know. I think just because of she saw you eating meat,

suǒ yǐ jīn tiān tā chī sù.
所 以 今天 她 吃素。
then today she is vegetarian.

97

Sam=S 韩梅梅=H

S： Má là tàng zhēn xiāng a!
麻辣烫 真香 啊！
Mala-tang is really fragrant!

Yǒu jī dàn, yǒu shū cài, hái yǒu kǎo yú ne!
有 鸡蛋，有 蔬 菜， 还 有 烤 鱼呢！
There are eggs, vegetables, and grilled fish!

H： Nǐ zěn me yòu guò lái le?
你 怎么 又 过 来了？
Why do you come here again?

S： Wǒ jué de zhè biān bǐ nà biān xiāng.
我 觉得 这 边 比 那 边 香。
I think here is more fragrant than there.

Zhè biān hǎo chī de tài duō le, hái yǒu kǎo yā hé shāo'é ne.
这边 好吃 的太多了，还有烤鸭和烧鹅呢。
There are so many delicious food here, as well as roast ducks and roast goose.

H： Wǒ jué de wǒ yòu xiǎng chī sù le.
我 觉得 我 又 想 吃素 了。
I think I want to be a vegetarian again.

韩梅梅=H Sam=S

H： Sam, nǐ de Zhōng wén shuō de zhēn hǎo.
Sam，你的 中 文 说 得 真 好。
Sam, your Chinese is very good.

S： Duì a, wǒ de lǎo shī hěn hǎo.
对啊，我 的 老 师 很 好。
Yes, my teacher is very good.

Zhè lǐ de cài wǒ dōu rèn shi. Wǒ hái zhī dào māo hé gǒu ne.
这里的菜我都认识。我还知道 猫和狗呢。
I know all the dishes here. I also know cats and dogs.

Nà wǒ wèn nǐ, tiān'é shì'é ma?
H： 那我问你，天鹅 是鹅吗？
Then let me ask you, are swans geese?

Hóngniú, máo niú hé wō niú, něi ge bú shì niú?
红牛、牦牛和蜗牛，哪个不是牛？
Red bull, yak and snail, which is not cattle?

Á? Shén me é? Shén me niú?
S： 啊？什么鹅？什么牛？
Ah? What goose? What cattle?

Homework
zuò yè
作 业

Shuō yi shuō nǐ zuì xǐ huan de cài shì shénme? Tā shì shénme yàng
说一说你最喜欢的菜是什么？它是什么样

zi de, wèi shénme nǐ zuì xǐ huan tā?
子的，为什么你最喜欢它？

Say what your favorite dish is, what it looks like and why you like it most?

Lesson 24

Dì' èr shí sì kè
第 二十四 课

Nǐ jiā zài nǎr?
你 家 在 哪儿？

Where is your home?

生词 **New words：**

gōng sī
公司
company

Wǒ men gōng sī jiù zài nà biān, lí zhèr bù yuǎn.
我们公司就在那边，离这儿不远。
Our company is just over there, not far from here.

Tā kě néng shēng bìng le, jīn tiān bù lái gōng sī.
他可能生病了，今天不来公司。
He may be ill and won't come to the company today.

zǒu
走
to walk(V.)

Jīn tiān tā zǒu lù qù xué xiào.
今天他走路去学校。
Today he walks to school.

Wǎng qián zǒu yì fēn zhōng jiù dào wǒ gōng sī le.
往前走一分钟就到我公司了。
Walking ahead for one minute is my company.

lǐ
里
in, inside

Zhè ge wǎn li yǒu mǐ fàn.
这个碗里有米饭。
There is rice in this bowl.

Zhè xiē xiǎo xué shēng zuò zài chē li.
这些小学生坐在车里。
The pupils are sitting in the bus.

wài
外
outward, outside

Tā zhàn zài mén wài.
她站在门外。
She stood outside the door.

Zuò huǒ chē de shí hou, tā xǐ huan kàn chuāng wài.
坐火车的时候，他喜欢看窗外。
When he takes the train, he likes to look out of the window.

lǐ miàn 里 面		wài miàn 外 面
inside		outside

Tā zài wài miàn fēi, tā zài lǐ miàn kàn.
它在 外 面 飞，她在里面 看。
It's flying outside, she's watching inside.

Wài miàn wǔ yán liù sè de.
外 面 五 颜 六 色的。
It's colorful outside.

Wǒ xiǎng qù wài miàn kàn kan.
我 想 去 外 面 看 看。
I want to go outside and take a look.

> Both "lǐ 里" and "lǐ miàn 里面" are locative words. "lǐ miàn 里面" can be used separately to indicate location, while "lǐ 里" cannot be used alone. The usage of "wài 外" and "wài miàn 外面" is the same as that of "lǐ 里" and "lǐ miàn 里面".

wài guó 外 国	Wǒ xiǎng qù wài guó lǚ yóu. 我 想 去 外 国 旅游。 I want to travel abroad.
foreign country	Tā shì wài guó rén ma? 他 是 外 国 人 吗？ Is he a foreigner?
wài guó rén 外国人	Hěn duō wài guó rén zhù zài zhèr. 很 多外 国 人 住 在 这儿。 Many foreigners live here.
foreigner	

| bān 班 class, duty | Tā men zài yí ge bān.
他们在一个班。
They are in one (the same) class.

Wǒ men bān yǒu'èr shí ge xué sheng.
我们班有二十个学生。
There are twenty students in our class. |

| shàng bān 上班 to work, to do a job, be on duty | Tā shén me shí hou kě yǐ shàng bān?
他什么时候可以上班?
When can he start work?

Tā zài shū diàn shàng bān.
他在书店上班。
He works in a bookstore. |

| lí 离 away from, off | Tā jiā lí xué xiào bù yuǎn.
他家离学校不远。
His house is not far from school. |

| jìn 近 near, close | Tā gōng sī lí zhèr hěn jìn.
他公司离这儿很近。
His company is very near here.

Wǒ men gōng sī lí tā de xué xiào bú jìn.
我们公司离他的学校不近。
Our company is not near his school. |

| fù jìn 附近 nearby | Fù jìn yǒu yí ge bú cuò de fàn guǎnr.
附近有一个不错的饭馆儿。
There's a nice restaurant nearby. |

xué 学 learn, study		Tā men zài xué xiě hàn zì. 他们在学写汉字。 They are learning to write Chinese characters.
yīng yǔ 英语 English		Tā de yīng yǔ shuō de hěn hǎo. 他的英语说得很好。 (His English is spoken very well.) He speaks English very well. Tā men zài jiào shì li xué xí. 他们在教室里学习。 They study in the classroom.
jiào shì 教室 classroom		Wǒmende jiàoshì shì nàbiānde dì yī jiān. 我们的教室是那边的第一间。 Our classroom is the first one over there.
miǎn fèi 免费 free of charge		Jiǔ diàn xià miàn de shāo kǎo jīn tiān miǎn fèi. 酒店下面的烧烤今天免费。 The barbecue below the hotel is free today. Gēn wǒ xué yīng yǔ miǎn fèi. 跟我学英语免费。 Learning English from me is free.
gào sù 告诉 tell		Bú shì gào sù nǐ yào chuān máo yī ma? 不是告诉你要穿毛衣吗? Didn't I tell you to wear a sweater? Tom gào sù wǒ zhè jiā má là tàng hěn hǎo chī. Tom 告诉我这家麻辣烫很好吃。 Tom told me that the malatang here is delicious.

xī wàng
希 望
hope, wish

Zhēn xī wàng kě yǐ gēn nǐ xué Hàn yǔ.
真 希望 可以 跟你 学 汉语。
I really hope I can learn Chinese from you.

Xī wàng jīn tiān zhōng wǔ yǒu rén qǐng kè.
希 望 今天 中 午 有 人 请客。
I hope somebody stands treat this noon.

kě shì
可 是
but (oral)

Wǒ xiǎng qù kàn diàn yǐng, kě shì xià yǔ le.
我 想 去 看 电影，可是下雨了。
I wanted to go to the movies, but it rained.

Suī rán wǒ hěn lèi, kě shì wǒ hěn kāi xīn.
虽 然 我 很 累，可是我很 开心。
Although I am tired, I am very happy.

shì qing
thing
事 情
matter, affair

Zhè jiàn shì qing hěn zháo jí.
这 件 事 情 很 着 急。
This matter is very urgent.

Shì qing shì zhè yàng de, Hán Méiméi bù xǐ huan Lǐ Léi.
事 情 是这 样 的，韩 梅梅 不喜欢李雷。
The thing is, Han Meimei doesn't like Li Lei.

Wǒ men kě yǐ liáo liao xué xí zhè jiàn shì.
我 们 可以 聊 聊 学习 这 件 事。
We can talk about the matter of studying.

mén
门
door, gate

Zhè mén hòu miàn yǒu shén me?
这 门 后 面 有 什么？
What's behind this door?

Wǒ chū mén de shí hou, méi dài shǒu jī.
我 出 门 的 时 候，没 带 手 机。
I didn't take my phone when I went out.

děng 等 — wait

Tā zài děng nǐ huí jiā.
她在 等 你 回家。
She's waiting for you to go home.

shāo 稍 — slightly, a little

Shāo děng, wǒ liǎngfēnzhōng jiù dào.
稍 等，我 两 分 钟 就 到。
Wait a moment. I'll be there in two minutes.

jiǔ 久 — long time

Wǒ děng nǐ hěn jiǔ le.
我 等 你 很 久 了。
I've been waiting for you for a long time.

ràng 让 — let, allow

Ràng wǒ sòng nǐ huí jiā ba!
让 我 送 你 回家 吧!
Let me take you home!

Hěn bào qiàn, ràng nǐ jiǔ děng le.
很 抱 歉，让 你 久 等 了。
I'm sorry to have kept you waiting.

wán 完 — finish, over, end

Nǐ de zuò yè zuò wán le ma?
你的 作业 做 完 了 吗?
Have you finished your homework?

Wǒ zuò wán gōng zuò jiù huí jiā.
我 做 完 工 作 就 回家。
I'll go home as soon as I finish my work.

yòng 用 — use

Wǒ men yòng kuài zi chī fàn.
我们 用 筷子 吃饭。
We eat with chopsticks.

Tā men yòng Zhōng wén liáo tiān.
他们 用 中 文 聊天。
They chat in Chinese.

wǎng 往 — to, towards (to move)

Wǎng qián zǒu yì fēn zhōng jiù shì wǒ men gōng sī.
往 前 走一分 钟 就是我们 公 司。
Going ahead for a minute is our company.

Wǎng yòu zǒu liǎng fēn zhōng jiù yǒu shū diàn.
往 右 走 两 分 钟 就 有 书 店。
There is a bookstore in two minutes' walk to the right.

zhuǎn 转 — turn, transfer

Qián miàn zuǒ zhuǎn jiù néng kàn dào shāng diàn le.
前 面 左 转 就 能 看 到 商 店 了。
Turn left ahead and you'll see the store.

Yòu zhuǎn zài zǒu sān fēn zhōng jiù dào xué xiào le.
右 转 再 走 三 分 钟就 到 学校 了。
Turn right and walk three minutes, then it's the school.

zhuǎn chē 转车 — transfer (vehicle)

Tā cóng xué xiào huí jiā hái yào zhuǎn chē.
他 从 学 校 回 家 还 要 转 车。
He had to change buses to get home from school.

Cóng Běi jīng dào Shàng hǎi bú yòng zhuǎn chē.
从 北京 到 上海 不 用 转 车。
From Beijing to Shanghai, it needn't change trains.

kǒu 口 — mouth, opening, entrance

Tā yì kǒu yì kǒu de chī fàn.
他一口 一口 地 吃饭。
He ate his meal one bite at a time (mouthful by mouthful).

Wǒ tīng dào tā kāi kǒu shuō huà le.
我 听 到 他开 口 说 话 了。
I heard him opening his mouth to speak.

lù kǒu
路口
intersection, crossing

Qián miàn lù kǒu zuǒ zhuǎn.
前　面　路口　左　转。
Turn left at the intersection ahead.

shí zì lù kǒu
十字 路口
crossroads

Tā men gōng sī jiù zài nà ge shí zì lù kǒu de yòu biān.
他们　公司　就在　那个　十字路口的　右边。
Their company is just on the right of that intersection.

kāi
开
open, switch on, operate, drive

Qǐng dǎ kāi chē mén, wǒ yào xià chē.
请　打开　车　门，我　要　下　车。
Please open the car door, I want to get off.

Wǒ kāi chē sòng nǐ huí jiā ba!
我 开 车　送 你　回家　吧！
Let me drive you home!

Glossary 生词表：

公司	gōng sī	company
走	zǒu	to walk
外	wài	outer, outward, outside
里	lǐ	in, inside
外国	wài guó	foreign country
外国人	wài guó rén	foreigner
里面	lǐ miàn	inside
外面	wài miàn	outside
班	bān	class, duty
上班	shàng bān	work, do a job, be on duty
离	lí	away from, off
近	jìn	near, close
附近	fù jìn	nearby
学	xué	learn, study
英语	yīng yǔ	English

教室	jiào shì	classroom
免费	miǎn fèi	free
希望	xī wàng	hope, wish
可是	kě shì	but
告诉	gào sù	tell
事情	shì qíng	matter, thing, affair
等	děng	wait
完	wán	finish, over, end
事	shì	thing
久	jiǔ	long time
门	mén	door
让	ràng	let, allow
稍	shāo	slightly
开	kāi	open, switch on, operate, drive
用	yòng	use
往	wǎng	to, towards (to move)
转	zhuǎn	turn, transfer
口	kǒu	mouth, opening, entrance
路口	lù kǒu	intersection, crossing
转车	zhuǎn chē	transfer(vehicle)

Text:　　　　　Nǐ jiā zài nǎr
　　　　　　　你家在哪儿？

Where is your home?

Sam=S　韩梅梅=H

　　　Hán Méiméi, nǐ hǎo a!
S：韩 梅 梅，你好 啊！
Han Meimei, how are you!

　　　Sam? Zěn me yòu shì nǐ ?
H：Sam？怎 么 又 是 你？
Sam? Why are you here again?

S： Wǒ zài zhèr gōng zuò a!
我 在 这儿 工作 啊!
I work here!

Nǐ kàn, wǎng qián miàn zǒu yì fēn zhōng jiù shì wǒ de gōng sī.
你看，往 前 面 走一分 钟 就是我的公司。
Look, walking ahead for a minute is my company.

H： Nà jiā gōng sī wǒ zhī dào,
那 家 公司 我 知道，
I know that company,

hěn duō wài guó rén zài lǐ miàn shàng bān.
很 多 外 国 人 在里 面 上 班。
many foreigners work in it.

Sam=S 韩梅梅=H

S： Nǐ ne? Nǐ de dà xué lí zhèr yuǎn ma?
你呢？你的 大学 离 这儿 远吗？
What about you? Is your university far from here?

H： Bú tài jìn. Wǒ zài fù jìn xué yīng yǔ,
不太近。我 在 附近 学 英 语，
Not very close. I am learning English nearby,

jiào shì jiù zài páng biān.
教 室 就 在 旁 边。
and the classroom is just next to it.

S： Nǐ kě yǐ gēn wǒ xué a, miǎn fèi.
你可以 跟 我 学 啊，免 费。
You can learn with me, free of charge.

H：
Xiè xie nǐ, nǐ tài kè qi le,
谢谢你，你太客气了，
Thank you, you are so polite,

zhēn xī wàng néng gēn nǐ xué yīng yǔ.
真 希 望 能 跟 你 学 英语。
I really hope to learn English with you.

Kě shì wǒ hái yǒu diǎnr shì qing, yào qù jiào shì nà biān.
可是我 还有点(儿)事情，要去教室 那边。
But I still have something to do and have to go to the classroom.

S：
Hǎo de, děng nǐ máng wán le,
好 的，等 你 忙 完 了，
Ok, when you are done,

wǒ men zài liáo xué yīng yǔ de shì.
我 们 再 聊 学 英 语 的事。
let's talk about learning English.

韩梅梅=H Sam=S

H：
Sam? Nǐ hái zài zhèr? Nǐ děng wǒ zhè me jiǔ?
Sam？你还在这儿？你等 我 这么 久？
Sam? You are still here? Are you waiting for me so long time?

S：
Méi yǒu. Wǒ qù nà biān de gōng sī le.
没 有。我 去 那 边 的 公 司了。
No. I went to the company there.

Kàn jiàn nǐ chū mén, wǒ jiù guò lái le.
看 见 你 出门， 我 就 过来了。
I saw you coming out and I came over.

H：
Ràng nǐ jiǔ děng le. Kě shì wǒ xiàn zài yào huí jiā le.
让 你 久等 了。可是 我 现在 要 回家了。
Sorry to have kept you waiting so long. But I am going home now.

111

S：Nà nǐ shāo děng yí xià, wǒ de chē zài fù jìn,
那你稍等一下，我的车在附近，
Then wait a moment. My car is nearby,

wǒ kāi chē sòng nǐ.
我开车送你。
I'll give you a ride.

韩梅梅=H Sam=S

H：Sam, xiè xie nǐ, bú yòng sòng wǒ le.
Sam，谢谢你，不用送我了。
Sam, thank you, no bother to send me.

Wǒ zuò dì tiě huí jiā.
我坐地铁回家。
I take the subway home.

S：Wǒ sòng nǐ kuài yì diǎnr ba?
我送你快一点(儿)吧？
Is it faster by car?

Kě yǐ gào sù wǒ nǐ de jiā zài nǎr ma?
可以告诉我你的家在哪儿吗？
Can you tell me where your home is?

H：Cóng zhè lǐ wǎng qián kāi shí fēn zhōng,
从这里往前开十分钟，
Drive straight for ten minutes, turn left for ten minutes,

zhuǎn zuǒ kāi shí fēn zhōng, zài dì sān ge lù kǒu zài zhuǎn yòu,
转左开十分钟，在第三个路口再转右，
turn right at the third intersection,

hái yào wǎng qián zài kāi bàn xiǎo shí.
还要 往 前 再开半 小时。
and drive ahead for another half an hour.

À！ Nǐ de jiā zhè me yuǎn a！
S： 啊！你的 家 这么 远 啊！
Ah! Your home is so far!

Shì a, lù shang chē hěn duō, kāi chē hěn màn.
H： 是啊，路上 车 很 多, 开 车 很 慢。
Yes, there's a lot of traffic on the road. It's very slow by car.

Kě shì zuò dì tiě shí fēn zhōng jiù dào le, yě bú yòng zhuǎn chē.
可是坐地铁十分钟 就到了，也不用 转车。
But it's only ten minutes by subway and no transfer is needed.

Homework

zuò yè
作 业

Shuō yi shuō nǐ cóng zhù de dì fang dào gōng zuò huò zhě
说 一 说 你 从 住 的 地 方 到 工 作 或 者

xué xí de dì fang de lù zěnme zǒu
学习的地 方 的路怎么走。

Talk about how you go from where you live to where you work or study.

113

Lesson 25

Dì'èr shí wǔ kè
第 二十五 课

Wǒ xǐ huan zuò yùn dòng
我 喜欢 做 运 动
I like doing exercise

生词 New words：

yùn dòng
运 动

physical exercise, sports

zuò yùn dòng
做 运 动

do/take exercise

Nǐ xǐhuan yùndòng mā?
你 喜欢 运动 吗？
Do you like sports?

Nǐ xǐhuan shénme yùn dòng?
你 喜欢 什么 运动？
What sports do you like ?

pǎo bù
run　step
跑 步

run, jogging

pá shān
爬山

climb mountains

Nǐ xǐhuan pǎobù háishì páshān?
你 喜欢 跑步 还是 爬山？
Do you like runing or climbing?

yóu yǒng
游 泳

swim

tiào wǔ
跳舞

dance

Nǐ huì yóuyǒng mā?
你 会 游泳 吗？
Can you swim?

Sam xǐ huan tiào wǔ.
Sam 喜欢 跳 舞。
Sam likes dancing.

qí chē
骑车

ride a bike

Tā měige xīngqī liù dōu qù qíchē.
他 每个 星期六 都 去骑车。
He goes to ride a bike every Saturday.

dǎ qiú
打球
play ball (games)

dǎ lánqiú
打 篮球
play basketball

dǎ páiqiú
打 排球
play volleyball

tī qiú
踢 球
kick ball

tī zúqiú
踢 足球
play football

wǎng qiú
net 网 球
tennis

bàng qiú
bat 棒 球
baseball

yǔmáo qiú
feather 羽 毛 球
badminton

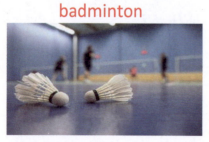

pīngpāng qiú
乒 乓 球
ping pang ball (table tennis)

zuì
最
most, to the greatest extent

Wo zuì xǐhuan_____.
我 最 喜欢_____。
I like_____best.

jiàn miàn 见 面 meet	qǐ chuáng 起 床 get up(out of bed)

Tāmen jīntiān xiàwǔ sāndiǎn jiànmiàn.
他们 今 天 下午 三 点 见 面。
They meet at three this afternoon.

Tā měitiān zǎoshang liùdiǎn qǐchuáng.
她 每天 早 上 六 点 起 床。
She gets up at six every morning.

Tā qǐchuáng hòu qù pǎobù.
她 起床 后 去 跑步。
She goes jogging after getting up.

| nián
年
year | qù nián
去 年
last year | jīn nián
今 年
this year | míng nián
明 年
next year |

Qùnián wǒ qù le yícì Běijīng, jīnnián hái yào qù.
去 年 我 去了一次北京， 今 年 还 要去。
I went to Beijing once last year and this year I will still go.

| yuè
月
month | shàng ge yuè
上 个 月
last month | zhè ge yuè
这 个 月
this month | xià ge yuè
下 个 月
next month |

| xīng qī
星期
week | shàng ge xīng qī
上 个 星 期
last week | zhè ge xīng qī
这 个 星 期
this week | xià ge xīng qī
下 个 星 期
next week |

| tiān
天
day | zuó tiān
昨天
yesterday | jīn tiān
今天
today | míng tiān
明 天
tomorrow |

nà me
那么
like that

Zhēn méi xiǎng dào, nǐ lán qiú dǎ de nà me hǎo!
真 没 想 到, 你 篮球 打得那么 好!
I didn't expect you to play basketball so well!

bú cuò
不错
not bad

Sam xǐhuan dǎ lánqiú, tiàowǔ yě búcuò.
Sam 喜欢 打 篮球, 跳 舞 也 不错。
Sam likes playing basketball and he can also dance well.

For example:

Nǐ xǐhuan_____háishì_____?
你 喜欢_____还是_____?
Do you like_____or_____?

Wǒ zuì xǐhuan_____.
我 最喜欢_____。
I like_____best.

Glossary 生词表:

见面	jiàn miàn	meet
运动	yùn dòng	sports, physical exercise
去年	qù nián	last year
床	chuáng	bed
起床	qǐ chuáng	get up
跑	pǎo	run
跑步	pǎo bù	run, jog
篮球	lán qiú	basketball
踢	tī	kick
足球	zú qiú	football, soccer
最	zuì	most, to the greatest extent
跳	tiào	jump
跳舞	tiào wǔ	dance
那么	nà me	like that
不错	bú cuò	not bad

Text: Wǒ xǐ huān zuò yùndòng
我喜欢做运动

I like doing exercise

韩梅梅=H Sam=S

H: Zǎo shang hǎo! Yòu jiàn miàn le!
早上好！又见面了！
Good morning! We meet again!

S: Zǎo shang hǎo! Nǐ yě xǐ huan yùn dòng a!
早上好！你也喜欢运动啊！
Good morning! You also like sports!

H: Duì. Wǒ qù nián jiù měi tiān zǎo shang pǎo bù le. Nǐ ne?
对。我去年就每天早上跑步了。你呢？
Right. I ran every morning since last year. What about you?

S: Wǒ yě shì. Wǒ xǐ huan zǎo shang qǐ chuáng jiù pǎo bù.
我也是。我喜欢早上起床就跑步。
Me too. I like to run after getting up in the morning.

S: Hán Méiméi, nǐ xià wǔ hái xiǎng qù dǎ lán qiú ma?
韩梅梅，你下午还想去打篮球吗？
Han Meimei, do you want to play basketball in the afternoon?

H: Zuó tiān wǒ kàn jiàn nǐ dǎ lán qiú le.
昨天我看见你打篮球了。
I saw you playing basketball yesterday.

Nǐ dǎ de fēi cháng hǎo a.
你打得非常好啊。
You played very well.

S： Duì, wǒ xǐ huan tī zú qiú hé dǎ lán qiú.
对，我 喜欢 踢足球 和 打篮球。
Yes, I like to play football and basketball.

H： Kě shì jīn tiān xià wǔ wǒ xiǎng qù yóu yǒng.
可是 今天 下 午 我 想 去 游 泳。
But I want to go swimming this afternoon.

S： Jīn tiān wǒ men yì qǐ qù dǎ lán qiú zěn me yàng?
今天我们一起去打篮球怎么样？
How about playing basketball together today?

H： Nǐ de lán qiú zhēn de dǎ de hěn hǎo,
你的 篮球 真 的 打 得 很好，
Although you can play basketball really well,

kě shì wǒ men bù yí yàng.
可是 我 们 不 一样。
(but) we are different.

S： Zěn me bù yí yàng? Dǎ de hǎo bu hǎo méi guān xi,
怎 么 不一样？ 打得 好不好 没关系，
What is different? It doesn't matter whether you play well,

kāi xīn jiù hǎo.
开 心 就好。
just to have fun.

H： Wǒ zuì xǐ huan de shì tiào wǔ.
我 最 喜欢 的 是 跳舞。
What I like most is dancing.

H： Zhēn méi xiǎng dào, nǐ lán qiú dǎ de nà me hǎo,
真 没 想 到，你篮 球 打得 那么 好，
I didn't expect that you can both play basketball

120

tiào wǔ yě bú cuò!
跳 舞 也 不错！
and dance so well.

S: Wǒ cóng xiǎo jiù xǐ huan zuò yùn dòng.
我 从 小 就 喜欢 做 运 动。
I like to do exercise since my childhood.

Zěn me yàng, xiàn zài yǒu méi yǒu jué de wǒ bù yí yàng le?
怎么样，现在 有没有 觉得我不一样了？
So, do you think I am different now?

H: Nà nǐ gào sù wǒ, wō niú shì bu shì niú?
那 你 告诉我，蜗 牛 是不 是 牛？
Then tell me, is a snail a cattle?

S: Xiàn zài wǒ zhī dào le, wō niú bú shì niú.
现 在 我 知道 了，蜗 牛不 是 牛。
Now I know, a snail is not a cattle.

Wǒ de Zhōng wén yě hǎo yì diǎnr le ne.
我 的 中文 也 好一点(儿)了呢。
My Chinese is also better.

Homework

zuò yè
作 业

Shuō yi shuō nǐ cóng kāi shǐ xué xí dào xiàn zài,
说 一 说 你 从 开始学习到 现在，

Zhōngwén de biànhuà
中 文的变化。

Let's talk about the changes you have made from the beginning of your Chinese study till now.

Lesson 26

Dì'èr shí liù kè
第二十六课

Zhǔn bèi kǎo shì
准 备 考 试
Prepare the test

生词 New words：

kāi shǐ
开始
start, begin

kāishǐ pǎobù
开始 跑步
start running

kǎo shì
test v.
考试
v./n. exam, test

Tāmen zài kǎoshì.
他们 在 考试。
They're taking a test.

Xiànzài kāishǐ kǎoshì.
现在 开始 考试。
Now let's start the test.

tí
题

question (for exams)

kǎo shì tí
考 试 题
examination questions

yǐ jīng
已经
already

Tā yǐjīng qù Běijīng le.
他已经 去 北京了。
He has already gone to Beijing.

Wǒ yǐjīng chī wán fàn le.
我 已经 吃 完 饭 了。
I have already finished the dinner.

Tāmen yǐjīng kāishǐ kǎoshì le.
他们 已经 开始 考试 了。
They have already started the test.

Text:
Yào kǎo shì le ma
要 考试 了 吗？

Are you ready for the exam?

Sam=S 韩梅梅=H

S: Hán Méiméi, zěn me zhè jǐ tiān dōu méi kàn jiàn nǐ?
韩梅梅，怎么 这几天 都 没 看见你？
Han Meimei, I haven't seen you these days.

Nǐ zài máng shén me?
你在忙 什么？
What are you busy with?

H: Wǒ xià ge xīng qī jiù yào kāi shǐ kǎo shì le,
我 下个 星期 就 要 开始 考试 了，
I will take an exam next week,

kě shì wǒ hái yǒu hěn duō tí bú huì zuò.
可是 我 还有 很 多 题 不会做。
but I still have a lot of questions with the test.

S: Zhèi cì shì kǎo yīng yǔ ma?
这 次 是 考 英 语 吗？
Is this time an English test?

Wǒ jué de Zhōng wén bǐ yīng yǔ nán duō le.
我 觉得 中 文 比 英语 难 多了。
I think Chinese is much harder than English.

H: Yīng yǔ shàng ge xīng qī yǐ jīng kǎo wán le.
英 语 上 个 星 期 已经 考 完了。
English test was already done last week.

Yīn wèi nǐ de bāng máng,
因 为 你的 帮 忙，
Because of your help,

wǒ jué de yīng yǔ yì diǎnr yě bù nán.
我 觉得 英 语 一点(儿)也 不难。
I feel that English is not difficult at all.

Homework
zuò yè
作 业

Nǐ jué de Zhōngwén nán ma
你觉得 中 文 难吗？

Kǎoshì de huà nǐ jué de huì kǎo dé zěnmeyàng   Wèishénme
考试的话你觉得会考得怎么 样？ 为 什 么？

Do you think Chinese is difficult?

If you take the test how do you think you will be?

Why?

Lesson 27-28

Dì'èr shí qī-bā kè
第二十七-八课

Zōng hé fù xí
综 合 复 习

Comprehensive review

词汇 word	拼音 pinyin	翻译 meaning	词性 part of speech
报纸	bào zhǐ	newspaper	n.
……的话	de huà	if, in case…	conj.
啊	a	ah	int.
白	bái	white	adj.
白天	bái tiān	day time	n.
班	bān	class, duty	n.
半	bàn	half	num.
包	bāo	wrap, bag	n./ v.
包子	bāo zi	bun, steamed stuffed bun	n.
比	bǐ	than, compare	v./ prep.
笔	bǐ	pen	n.
边	biān	side, edge	n.
宾馆	bīn guǎn	hotel	n.
冰	bīng	ice	n.
冰水	bīng shuǐ	ice water	n.
病	bìng	disease, sickness, illness	n.
不错	bú cuò	not bad	adj.
不好意思	bù hǎo yì si	feel embarrassed (to do sth.), sorry, excuse me	
菜单	cài dān	menu	n.
唱	chàng	sing	v.
炒	chǎo	stir-fry	v.
车	chē	vehicle, auto	n.
吃素	chī sù	(be a) vegetarian	v.
出院	chū yuàn	leave hospital	v.
穿	chuān	wear, put on	v.
床	chuáng	bed	n.
次	cì	times, bout	m.
错	cuò	wrong, mistake, incorrect	adj./ n.
打包	dǎ bāo	pack (luggage, food, etc)	v.
大学	dà xué	university, college	n.
带	dài	bring, take	v.

但是	dàn shì	but, still, yet	conj.
蛋	dàn	egg	n.
到（看得到）	dào	complement of verb, indicates the action achieve its purpose or has aresult	v.
得	de	particle, used after v.or adj. to show compement of result of degree	pt.
等	děng	wait	v.
地方	dì fang	place	n.
地铁	dì tiě	subway	n.
第	dì	used before a number to indicate order or grade	n.
第一	dì yī	first	num.
点	diǎn	point, order	n./ v.
点餐	diǎn cān	order(food)	v.
电冰箱	diàn bīng xiāng	fridge, refrigerator	n.
电风扇	diàn fēng shàn	electric fan	n.
电脑	diàn nǎo	computer	n.
电视	diàn shì	TV, television	n.
电影	diàn yǐng	movie, film	n.
懂	dǒng	understand, know	v.
都……了	dōu……le	already	adv.
对了	duì le	start sentence when topic of conversation change	
鹅	é	goose	n.
非常	fēi cháng	very, extremely	adv.
服务员	fú wù yuán	waiter	n.
附近	fù jìn	nearby	n.
高	gāo	high, tall	adj.
高铁	gāo tiě	high-speed railway	n.
告诉	gào sù	tell	v.
歌	gē	song	n.
公司	gōng sī	company	n.
狗	gǒu	dog	n.

128

过	guò	come/go cross, pass	v.
过来	guò lái	come over	v.
还	hái	still, fairly, rather	adv.
还是	hái shì	or (indicates the possibility of selection)	adv.
还有	hái yǒu	still have	conj.
喝起来	hē qǐ lái	drink like	v.
黑	hēi	black	adj.
黑色	hēi sè	black color	n.
红	hóng	red	adj.
会	huì	will	mv.
火车	huǒ chē	train	n.
火车站	huǒ chē zhàn	railway station	n.
或者	huò zhě	or (indicates the possibility of existence)	conj.
鸡	jī	chook	n.
加	jiā	add	v.
家	jiā	family, home, measure word	n.
煎	jiān	pan-fry, sauteed	v.
见面	jiàn miàn	meet	v.
件	jiàn	piece, measure word for clothes	m.
饺子	jiǎo zi	dumplings	n.
觉得	jué de	feel, think	v.
教室	jiào shì	classroom	n.
介绍	jiè shào	introduce, recommend	v.
近	jìn	near, close	adj.
久	jiǔ	long time	adj.
就	jiù	right away, as soon as, indicates conclusion or resolution	adv.
就是	jiù shì	just be	adv.
咖啡	kā fēi	coffee	n.
开	kāi	open, drive	v.

开	kāi	open, switch on, operate, drive	v.
开始	kāishǐ	start, begin	v.
开水	kāi shuǐ	boiling water, boiled water	n.
考	kǎo	test, examine	v.
考试	kǎo shì	exam, test	n.
烤	kǎo	put things above/near the fire	v.
可能	kě néng	probably, maybe, perhaps	mv.
可是	kě shì	but	conj.
课	kè	class, lesson	n.
口	kǒu	mouth, opening, entrance	n.
苦	kǔ	bitter	adj.
块	kuài	piece (without regular shape)	m.
快	kuài	fast, quick	adj.
快乐	kuài lè	happy, glad	adj.
筷子	kuài zi	chopsticks	n.
辣	là	hot(taste)	adj.
篮球	lán qiú	basketball	n.
冷	lěng	cold	adj.
离	lí	away from, off	v.
里	lǐ	in, inside	n.
里面	lǐ miàn	inside	n.
聊	liáo	chat	v.
聊天	liáo tiān	chatting (without specific topic)	v.
路口	lù kǒu	intersection, crossing	n.
旅行	lǚ xíng	travel	v.
旅游	lǚ yóu	relaxing travel (for tourism)	v.
麻	má	numb	adj.
麻辣	má là	(taste)numb and hot, incredible spicy	adj.
麻辣烫	má là tàng	a very spicy dish like a hot pot	n.

慢	màn	slow	adj.
猫	māo	cat	n.
毛	máo	hair, wool, feather	n.
毛衣	máo yī	wool sweater	n.
牦牛	máo niú	yak	n.
每	měi	every, each	pron.
门	mén	door	n.
绵羊	mián yáng	sheep	n.
免费	miǎn fèi	free	adj.
面	miàn	flour	n.
面包	miàn bāo	bread	n.
面条	miàn tiáo	noodles	n.
那么	nà me	like that	pron.
奶	nǎi	milk	n.
牛	niú	cattle	n.
盘	pán	a quantifier to measure dishes (by plate)	m.
盘子	pán zi	plate	n.
旁边	páng biān	beside	n.
跑	pǎo	run	v.
跑步	pǎo bù	run, jog	v.
啤酒	pí jiǔ	beer	n.
片	piàn	piece, slice	m.
苹果	píng guǒ	apple	n.
瓶	píng	bottle	m.
起床	qǐ chuáng	get up	v.
铅笔	qiān bǐ	pencil	n.
晴	qíng	sunny(weather), fine, clear	adj.
晴天	qíng tiān	sunny day	n.
请	qǐng	treat (meal, coffee, etc.)	v.
请客	qǐng kè	entertain guest, invite sb. to meal	v.
去年	qù nián	last year	n.
让	ràng	let, allow	v.
肉	ròu	meat	n.

山羊	shān yáng	goat	n.
上班	shàng bān	work, do a job, be on duty	v.
上次	shàng cì	last time	n.
上课	shàng kè	attend class, take class	v.
烧	shāo	burn, roast	v.
烧烤	shāo kǎo	barbecue	n.
稍	shāo	slightly	adv.
生病	shēng bìng	get ill, be sick	v.
生日	shēng rì	birthday	n.
事	shì	thing	n.
事情	shì qíng	matter, thing, affair	n.
手表	shǒu biǎo	watch	n.
书	shū	book	n.
书店	shū diàn	bookshop, boodstore	n.
舒服	shū fu	comfortable	adj.
蔬菜	shū cài	vegetables	n.
数	shù	number	n.
数	shǔ	count	v.
谁	shuí	who, whom	pron.
素	sù	vegetarian	n.
酸	suān	sour	adj.
酸奶	suān nǎi	yogurt	n.
虽然	suī rán	although, though	conj.
所以	suǒ yǐ	so, therefore	conj.
它	tā	it	pron.
汤	tāng	soup	n.
糖	táng	sugar	n.
踢	tī	kick	v.
题	tí	question (for exam or exercises)	n.
天	tiān	god, heaven, sky	n.
天安门	Tiān ān mén	Tian'an men	n.
天鹅	tiān é	swan	n.
甜	tián	sweet	adj.
跳	tiào	jump	v.

跳舞	tiào wǔ	dance	v.
外	wài	outer, outward, outside	n.
外国	wài guó	foreign country	n.
外国人	wài guó rén	foreigner	n.
外面	wài miàn	outside	n.
完	wán	finish, over, end	v.
碗	wǎn	bowl	n.
往	wǎng	to, towards (to move)	prep.
为	wèi	for	prep.
为什么	wèi shén me	why	
温	wēn	warm	adj.
文	wén	(written) language	n.
蜗牛	wō niú	snail	n.
西瓜	xī guā	watermelon	n.
希望	xī wàng	hope, wish	v.
红牛	hóng niú	Red Bull	n.
香	xiāng	fragrant	adj.
笑	xiào	laugh, smile	v.
新	xīn	new	adj.
学	xué	learn, study	v.
雪	xuě	snow	n.
鸭	yā	duck	n.
颜色	yán sè	color	n.
眼睛	yǎn jing	eye	n.
羊	yáng	general name for goat and sheep	n.
样子	yàng zi	shape, appearance	n.
药	yào	medicine, drug	n.
一边……一边……	yì biān... yì biān...	two actions at the same time	conj.
一样	yí yàng	same	adj.
衣服	yī fu	clothes	n
已经	yǐ jīng	already	adv.
椅子	yǐ zi	chair	n.
意思	yì si	meaning	n.

因为	yīn wèi	because(of), since	conj.
阴天	yīn tiān	overcast sky, cloudy	n.
英语	yīng yǔ	English	n.
用	yòng	use	v.
游泳	yóu yǒng	swim	v.
有意思	yǒu yì si	interesting	adj.
又	yòu	again（repeat）	adv.
鱼	yú	fish	n.
远	yuǎn	far	adj.
运动	yùn dòng	sports, physical exercise	v./n.
再	zài	again, once more	adv.
怎么	zěn me	how, how come	pron.
怎么样	zěn me yàng	how(about)	pron.
炸	zhá	deep-fry	v.
站	zhàn	stand, station	v.
长城	Cháng chéng	the Great Wall	n.
这么	zhè me	so much	pron.
着急	zháo jí	feel anxious, worry	adj.
真	zhēn	true, real, really, indeed	adj./adv.
真好	zhēn hǎo	really good, that's nice	
蒸	zhēng	steam	v.
只	zhī	a quantifier to measure animal	m.
知道	zhī dào	know	v.
中文	Zhōng wén	Chinese language	n.
煮	zhǔ	boil, cook	v.
转	zhuǎn	turn, transfer	v.
转车	zhuǎn chē	transfer(vehicle)	v.
桌子	zhuō zi	table, desk	n.
走	zǒu	to walk	v.
足球	zú qiú	football, soccer	n.
最	zuì	most, to the greatest extent	adv.

Lesson 29-30

Dì'èr shí jiǔ- sān shí kè
第二十九- 三 十课

Fù xí kè

HSK2 复 习 课

HSK2 Review Class

新汉语水平考试（HSK）介绍

考试结构 Examination structure

新 HSK 是一项国际汉语能力标准化考试，重点考查汉语非第一语言的考生在生活、学习和工作中运用汉语进行交际的能力。新 HSK 分笔试和口试两部分，笔试和口试是相互独立的。笔试包括 HSK（一级）、HSK（二级）、HSK（三级）、HSK（四级）、HSK（五级）和 HSK（六级）；口试包括 HSK（初级）、HSK（中级）和 HSK（高级），口试采用录音形式。

The new HSK is an international standardized test of Chinese proficiency test, which focus on the ability of Chinese non-first-language candidates to communicate with others in Chinese in their life, study and work. The new HSK is divided into two parts: written test and oral test, which are independent of each other. Written examination includes HSK (Level 1), HSK (Level 2), HSK (Level 3), HSK (Level 4), HSK (Level5) and HSK (Level6); The oral test includes HSK (elementary), HSK (intermediate) and HSK (Advanced). The oral test is recorded.

笔试	口试
HSK（六级）	HSK（高级）
HSK（五级）	
HSK（四级）	HSK（中级）
HSK（三级）	
HSK（二级）	HSK（初级）
HSK（一级）	

考试等级 Examination grade

新 HSK 各等级与《国际汉语能力标准》《欧洲语言共同参考框架（CEF）》的对应关系如下表所示：

The correspondence between each level of the new HSK and Chinese Language Proficiency Scales For Speakers of Other Languages and Common European Framework of Reference for Languages (CEF) is shown in the following table.

新 HSK	词汇量	国际汉语能力标准	欧洲语言框架（CEF）
HSK（六级）	5000 及以上	五级	C2
HSK（五级）	2500		C1
HSK（四级）	1200	四级	B2
HSK（三级）	600	三级	B1
HSK（二级）	300	二级	A2
HSK（一级）	150	一级	A1

HSK（二级）介绍 Introduction

　　HSK（二级）考查考生的日常汉语应用能力，它对应于《国际汉语能力标准》二级、《欧洲语言共同参考框架（CEF）》A2 级。通过 HSK（二级）的考生可以用汉语就熟悉的日常话题进行简单而直接的交流，达到初级汉语优等水平。

　　HSK (Level 2) tests candidates' daily Chinese application ability, which corresponds to level 2 of Chinese Language Proficiency Scales For Speakers of Other Languages and level A2 of Common European Framework of Reference for Languages (CEF). Candidates who pass HSK (Level 2) can have simple and direct communication on familiar daily topics in Chinese, reaching the excellent level of primary Chinese.

一、考试对象 Test object

　　HSK（二级）主要面向按每周 2-3 课时进度学习汉语两个学期（一学年），掌握 300 个最常用词语和相关语法知识的考生。

　　HSK (Level 2) is mainly aimed at candidates who have learned Chinese two semesters (one academic year) according to the schedule of 2-3 class hours per week and have mastered 300 most commonly used words and related grammar knowledge.

二、考试内容 Examination content

HSK（二级）共 60 题，分听力、阅读两部分。

　　HSK (Level 2) has 60 questions, which are divided into two parts: listening and reading.

考试内容		试题数量（个）		考试时间（分钟）
一、听力	第一部分	10	35	约 25
	第二部分	10		
	第三部分	10		
	第四部分	5		
填写答题卡				3
二、阅读	第一部分	5	25	22
	第二部分	5		
	第三部分	5		
	第四部分	10		
共计	/	60		约 50

三、成绩报告 Test report

HSK（二级）成绩报告提供听力、阅读和总分三个分数。总分 200 分，120 分为合格。

The test report of HSK(Level 2) provides three scores: listening, reading and total score. The total score is 200 and the minimum score to pass the test is 120.

	满分 Full mark	你的分数 Your score
听力 Listening	100	
阅读 Reading	100	
总分 Total score	200	

全部考试约 55 分钟（含考生填写个人信息时间 5 分钟）。

All exams take about 55 minutes (including 5 minutes for candidates to fill in their personal information).

新增七-九级说明：

HSK 考试在保持现有六个级别考试稳定的基础上，增加 HSK7-9 级。考试对象为来华留学硕博阶段的学生、各国中文专业学生，以及运用中文开展学术研究、经济文化科技交流工作的人员等，暂未全面推广。

HSK test adds HSK7-9 on the basis of maintaining the stability of the existing six levels. The examination targets are students studying in China at the postgraduate and doctoral level, Chinese majors from various countries, and personnel who use Chinese to carry out academic research, economic, cultural, scientific and technological exchanges. It has not been fully promoted yet.

新汉语水平考试

HSK（二级）样卷

注　意

一、HSK（二级）分两部分：

1. 听力（35 题，约 25 分钟）

2. 阅读（25 题，22 分钟）

二、听力结束后，有 3 分钟填写答题卡。

三、全部考试约 55 分钟（含考生填写个人信息时间 5 分钟）。

一、听力

第一部分　Part I

第 1-10 题

1. 听力 Listening

第一部分，共 10 题。每题听两次。每题都是一个句子，试卷上提供一张图片，考生根据听到的内容判断对错。

Part 1, 10 questions in total. Listen to each question twice. Each question is a sentence. A picture is provided on the test paper. Please judge right or wrong according to what you hear.

Dà jiā hǎo! Huān yíng cānjiā HSK èrjí kǎoshì.
大家好！ 欢 迎 参加 HSK 二级考试。
Hello everyone! Welcome to HSK2 examination.

Lìrú： Wǒmen jiā yǒu sān ge rén.
例如： 我 们 家 有 三 个 人。
There are three people in our family.

Wǒ měi tiān zuò gōnggòngqìchē qù shàngbān.
我 每 天 坐 公 共 汽 车 去 上 班。
I go to work by bus every day.

Xiàn zài kāi shǐ dì 1 tí：
现 在 开始 第 1 题：
Now start question 1:

Tā zhèng zài dǎ diàn huà ne.
1. 他 正 在 打 电 话 呢。
He's on the phone.

Shàng wǔ wǒ mǎile yì xiē jī dàn.
2. 上 午 我 买了 一些 鸡蛋。
I bought some eggs this morning.

Shēng rì kuài lè !
3. 生 日 快 乐！
Happy birthday!

140

Wǒ zài mén wài děng nǐ men.
4. 我 在 门 外 等 你们。
I'll wait for you outside the door.

Tāmen kāichē qù Běijīng.
5. 他 们 开 车 去 北京。
They drove to Beijing.

Zhè shì tā de xīn shǒujī.
6. 这 是他的 新 手 机。
This is his new cell phone.

Wǒxiǎng sòng qīzi   yíjiàn piàoliang de yīfu.
7. 我 想 送 妻子 一件 漂 亮 的 衣服。
I want to send my wife a beautiful dress.

Wǒ lái jièshàoyíxià, zhè shì Wáng xiānsheng.
8. 我来 介 绍 一下，这是 王   先 生。
Let me introduce Mr. Wang.

Tā měi tiān dōu yào qù pǎobù.
9. 他 每 天 都 要 去 跑步。
He goes running every day.

Yǐ jīng hěn wǎn le,   tā men hái zài gōng zuò.
10. 已 经 很 晚 了，他 们 还 在 工 作。
It's very late. They are still working.

第二部分   Part 2

共 10 题。每题听两次。每题都是一个对话，试卷上提供几张图片，考生根据听到的内容选出对应的图片。

The second part consists of 10 questions. Listen to each question twice. Each question is a dialogue. Several pictures are provided on the test paper. Please choose the appropriate picture according to what you hear.

第 11-15 题

A B

C D

E F

Lìrú： Nǐ xǐhuan shénme yùndòng?
例如：男： 你 喜欢 什么 运动？ [D]
Man: What sports do you love?
  Wǒ zuì xǐhuan tī zú qiú.
女： 我 最 喜 欢 踢足 球。
Woman: I like playing football best.

12. Nǐ lèi le ba?
女：你 累了吧？
Woman: Are you tired?
  Shì, wǒ yào xiūxi xiūxi.
男：是，我 要休息休息。
Man: Yes, I want to have a rest.

11. Nǐ háizi duō dà le?
男：你孩子 多 大了？
Man: How old is your child?
  Tā kuài wǔ suì le.
女：她 快 五 岁了。
Woman: She's almost five years.

13. Zhè běn shū kàn wán le ma?
女：这 本书 看 完 了吗？
Woman: Have you finished reading this book?
  Kàn wánle, zhè běn shū hěn bú cuò.
男：看完了，这本书很不错。
Man: After reading it, this book is very good.

14. Jīntiān tiān qì zěnmeyàng?
男：今 天 天气 怎么样？
Man: What's the weather like today?
  Xià xuě le, hěn lěng.
女：下 雪了，很 冷。
Woman: It's snowing. It's cold.

15. Nǐ měi tiān jǐ diǎn qǐ chuáng?
女：你 每 天 几点 起 床？
Woman: What time do you get up every day?
  Wǒ měi tiān liù diǎn qǐ chuáng.
男：我 每 天 六点 起 床 。
Man: I get up at six every day.

Xiàn zài kāi shǐ dì16 dào 20 tí :
现　在 开 始 第16 到 20题:
Now start question 16 to 20:

17.　Nǐ zěnme le?
女：你 怎么了？
Woman: What's wrong with you?

　　　Wǒ kě néng shēngbìngle.
男：我 可 能　 生 病了。
Man:　 I may be ill.

16.　Zhèlǐ de kāfēi hǎohē ma?
男：这里的 咖啡 好喝吗？
Man:　Is the coffee good here?

　　　Wǒ juéde hěn hǎohē.
女：我 觉得 很 好喝。
Woman: I feel very good.

19.　Nǐ xǐ huan chī shénme shuǐguǒ?
女：你喜欢　 吃 什么　水果？
Woman: What fruit do you like to eat?

　　　Wǒ xǐ huan chī xī guā.
男：我 喜 欢　 吃 西瓜。
Man:　 I like watermelon.

18.　Zuó tiān tā men liǎng ge tiào dé zuì hǎo.
女：昨天 他们 两个跳得最好。
Woman: They both danced best yesterday.

　　　Wǒ zhīdào.
男：我 知 道。
 Man:　 I know.

20.　Zhège shāngdiàn de dōngxi hěn piányi.
男：这个　 商　 店 的 东 西很 便宜。
Man:　The things in this shop are very cheap.

　　　Shì ma? Wǒmen yào bu yào mǎi jǐ ge xīn de yǐzi?
女：是吗 ?　我 们 要 不 要　 买几个 新 的 椅子？
Woman: really? Shall we buy some new chairs?

143

第三 部分　Part 3

共 10 题。每题听两次。每题都是两个人的两句对话，第三个人根据对话问一个问题，试卷上提供 3 个选项，考生根据听到的内容选出答案。

The third part consists of 10 questions. Listen to each question twice. Each question is a two sentence dialogue between two people. The third person asks a question according to the dialogue. Three options are provided on the test paper. Please choose the answer according to what you hear.

例如：

男： Xiǎo Wáng, zhè lǐ yǒu jǐ ge bēizi, nǎge shì nǐ de?
　　 小 王， 这里有 几个杯子，哪个是你的？

Man: Xiao Wang, how many cups are there? Which one is yours?

女： Zuǒbian nàge hóng sè de shì wǒ de.
　　 左 边　那个 红色 的 是 我的。

Woman: The red one on the left is mine.

问： Xiǎo Wáng de bēizi shì shénme yánsè de?
　　 小 王的 杯子是 什么 颜色的？

Q: What color is Xiao Wang's cup?

A　hóngsè
　　红 色　✓
　　red

B　hēi sè
　　黑 色
　　black

C　bái sè
　　白 色
　　white

Xiàn zài　kāi shǐ　dì　21　tí：
现 在　开 始　第 21 题：
Now let's start question 21:

21. Xià xīngqī wǒmen yào qù Shànghǎi lǚyóu, nǐ qù ma?
女：下 星期 我们 要 去 上 海 旅游， 你去吗？

Woman: We are going to Shanghai for a tour next week. Do you want to go?

男： Tài hǎo le! Wǒ yě qù.
　　 太 好 了! 我 也 去。

Man: Great! I will go too.

问： Nán de shì shénme yìsi?
　　 男 的 是 什么 意思？

Q: What does the man mean?

A　tā yě qù
　　他 也 去
　　He will go too

B　tā bú qù
　　他 不 去
　　He won't go

C　tā qù guo le
　　他去 过 了
　　He's been there

22. Xiǎo Zhāng, nǐ nǚ péng you méi lái?
女：小张，你女朋友没来？
Woman: Xiao Zhang, your girlfriend didn't come?

Méi lái. Tā xiàwǔ yào kǎoshì.
男：没来。她下午要考试。
Man: No. She has an exam this afternoon.

Xiǎo Zhāng de nǚpéngyou wèi shénme méi lái?
问：小张的女朋友为什么没来？
Q: Why didn't Xiao Zhang's girlfriend come?

	yào xiū xi		yào kǎoshì		yào shàngkè
A	要休息	B	要考试	C	要上课
	For rest		For test		For class

23. Nǐ rènshi Wáng lǎo shī páng biān nà ge rén ma?
女：你认识王老师旁边那个人吗？
Woman: Do you know the man next to Miss Wang?

Rèn shi, tā jiù shì Wáng lǎoshī de zhàngfu.
男：认识，他就是王老师的丈夫。
Man: Yes, he is Mr. Wang's husband.

Wáng lǎoshī pángbiān de rén shì shéi?
问：王老师旁边的人是谁？
Q: Who is the man next to Mr. Wang?

	tā bàba		tā dìdi		tā zhàngfu
A	她爸爸	B	她弟弟	C	她丈夫
	Her father		Her younger brother		Her husband

24. Míngtiān shì nǐ de shēngrì ma?
女：明天是你的生日吗？
Woman: Is tomorrow your birthday?

Bú shì, wǒ de shēngrì shì qī yuè shí wǔ hào.
男：不是，我的生日是七月十五号。
Man: No, my birthday is July 15th.

Nǎ tiān shì tā de shēngrì?
问：哪天是他的生日？
Q: Which day is his birthday?

	yuè hào		yuè hào		yuè hào
A	7月15号	B	8月15号	C	9月15号
	July 15th		August 15th		September 15th

25.
男：Kuài bā diǎn le, wǒ yào qù shàngbān le.
快 八 点 了, 我 要 去 上 班 了。
Man: It's almost eight o'clock, I have to go to work.

女：Chīle zǎofàn zài qù ba.
吃了 早 饭再 去吧。
Woman: Let's go after breakfast.

问：Nǚ de xiǎng ràng nán de zuò shénme?
女 的 想 让 男 的 做 什么?
Q: What does the women want men to do?

	Shàngbān		chī fàn		Kànbìng
A	上 班	B	吃 饭	C	看病
	Go to work		Have breakfast		See the doctor

26.
女：Dào le. Nǐ kàn, zhè jiù shì wǒ men xué xiào.
到 了。你看, 这 就是 我们 学校。
Woman: Here we are. Look, this is our school.

男：Nǐmen xuéxiào zhēn dà.
你 们 学 校 真大。
Man: Your school is really big.

问：Nán de juéde zhège xuéxiào zěnmeyàng?
男 的 觉得 这个 学校 怎 么 样?
Q: What does the men think of this school?

	hěn dà		tài yuǎn le		fēi cháng piào liang
A	很 大	B	太 远 了	C	非 常 漂 亮
	Very big		Too far away		Very beautiful

27.
男：Wǒ zhù zài sān líng sì. Nǐ zhù zài nǎge fángjiān?
我 住 在 三 零 四。你 住在 哪个 房间?
Man: I live in 304. Which room do you live in?

女：Wǒ zhù sān líng qī.
我 住 三 零 七。
Woman: I live in 307.

问：Nǚ de zhù zài nǎge fángjiān?
女的 住在 哪个 房 间?
Q: Which room does the woman live in?

A 304　　　　　　　B 307　　　　　　　C 407

146

28.   Yīshēng shuō shénme le?
男：医 生 说 什么 了？
Man: What did the doctor say?

   Bú shì dà wèntí, chī liǎng tiān yào jiù huì hǎo.
女：不 是 大 问题，吃 两 天 药 就 会 好。
Woman: It's not a big problem. Take the medicine for two days.

   Nǚ de zěnme le?
问：女 的 怎么 了？
Q: What happened to the woman?

	shēngbìng le		bìng hǎo le		bù gāo xìng le
A	生 病 了	B	病 好 了	C	不 高 兴 了
	Be sick		The disease is fine.		Unhappy

29.   Nínhǎo, qǐngwèn nín qù nǎr?
男：您 好，请 问 您 去 哪儿？
Man: Hello, where are you going, please?

   Wǒ qù jīchǎng, sānshí fēnzhōng néng dào ma?
女：我 去 机场，三 十 分 钟 能 到 吗？
Woman: I'll go to the airport. Can I get there in 30 minutes?

   Tā men zuì kě néng zài nǎr?
问：他 们 最 可 能 在 哪儿？
Q: Where are they most likely to be?

	jī chǎng		chuán shang		chūzūchē shang
A	机 场	B	船 上	C	出 租 车 上
	Airport		On board		On the taxi

30.   Yǐ jīng qī diǎn le, diànyǐng zěnme hái méi kāishǐ?
女：已 经 七 点 了，电 影 怎么 还 没 开始？
Woman: It's already seven o'clock, why hasn't the movie started yet?

   Háiyǒu shí fēnzhōng ne.
男：还 有 十 分 钟 呢。
Man: There are ten minutes left.

   Diànyǐng shénme shíhou kāishǐ?
问：电 影 什么 时候 开始？
Q: When does the movie start?

	6 diǎn 50 fēn		7 diǎn		7diǎn 10 fēn
A	6 点 50 分	B	7 点	C	7 点 10 分
	6:50		7:00		7:10

第四部分　Part 4

共 5 题。每题听两次。每题都是两个人的 4 到 5 句对话，第三个人根据对话问一个问题，试卷上提供 3 个选项，考生根据听到的内容选出答案。

Part IV, 5 questions in total. Listen to each question twice. Each question is a four to five sentences dialogue between two people. The third person asks a question according to the dialogue. There are three options on the test paper. Please choose the answer according to what you hear.

第 31-35 题

例如：
女： Qǐng zài zhèr xiě nín de míngzi.
请 在 这儿 写 您 的 名字。
For example: Woman: Please write your name here.

男： Shì zhèr ma?
是 这儿 吗?
Man: Is this here?

女： Bú shì, shì zhèr.
不 是，是 这儿。
Woman: No, it's here.

男： Hǎo, xièxie.
好，谢谢。
Man: OK, thank you.

问： Nán de yào xiě shén me?
男 的 要 写 什么?
Q: What does the man want to write?

A 名字 (míngzi) ✓ Name
B 时间 (shí jiān) Time
C 房间号 (fáng jiān hào) Room number

Xiàn zài kāi shǐ dì 31 tí :
现 在 开始 第 31 题：
Now let's start question 31:

31.
女： Píng guǒ zěn me mài?
苹果 怎么 卖?
Woman: How do you sell apples?

男： Sì kuài qián yì jīn.
四 块 钱 一斤。
Man: Four yuan a jin.

女： Wǒ xiǎng mǎi shí jīn, nǐ néng bāng wǒ sòng dào jiā li ma?
我 想 买 十 斤，你 能 帮 我 送 到 家里吗?
Woman: I want to buy ten jin, can you take it home for me?

男： Méi wèn tí.
没 问 题。
Man: No problem.

问： Nǚ de yào mǎi jǐ jīn píng guǒ?
女 的 要 买 几斤 苹果?
Q: How many kilograms of apples does the women want to buy?

A 1斤 (jīn)　　B 4斤 (jīn)　　C 10斤 (jīn)

1斤 (jīn): a unit of weight (=1/2 kilogram)

32. Wǎnshang wǒmen qù fàn guǎnr chī fàn, zěn me yàng?
男： 晚上我们去饭馆儿吃饭，怎么样？
Man: How about going to a restaurant in the evening?

Wǒ bù xiǎng qù wài miàn chī. Wǒ xiǎng zài jiā chī.
女：我不想去外面吃。我想在家吃。
Woman: I don't want to eat out. I want to eat at home.

Nà nǐ zhǔn bèi zuò shén me hǎo chī de?
男：那你准备做什么好吃的？
Man: What are you going to cook?

Nǐ xiǎng chī shén me, wǒ jiù zuò shén me.
女：你想吃什么，我就做什么。
Woman: What you want to eat, I do what.

Hǎo de.
男：好的。
Man: OK.

Tā men wǎn shang zài nǎr chī fàn?
问：他们晚上在哪儿吃饭？
Q: Where will they eat in the evening?

jiā li
A 家里
At home

fàn guǎnr
B 饭馆儿
Restaurant

shāngdiàn
C 商店
Shop

33. Yí ge péng you ràng wǒ bāng tā zhǎo ge fáng zi.
女：一个朋友让我帮他找个房子。
Woman: A friend asked me to help him find a house.

Tā gōng zuò le ma?
男：他工作了吗？
Man: Does he work?

Gōng zuò le.
女：工作了。
Woman: Work.

Nà yào zhǎo lí gōng sī jìn yì xiē de.
男：那要找离公司近一些的。
Man: Then find a house near the company.

Nǚ de yào bāng péng you zhǎo shén me?
问：女的要帮朋友找什么？
Q: What does the woman want to help her friend find?

gōngzuò
A 工作
Work

fángzi
B 房子
House

gōngsī
C 公司
Company

34. Zhè shì nǐ de shǒu biǎo?
男： 这 是 你的 手 表？
Man: Is this your watch?

Wǒ mǎi de. Wǒ xiǎng sòng gěi wǒ gēge.
女： 我 买的。 我 想 送 给 我 哥哥。
Woman: I bought it. I want to give it to my brother.

Hěn piào liang. Duō shao qián mǎi de?
男： 很 漂 亮。 多 少 钱 买 的？
Man: It's beautiful. How much did it cost?

Sān qiān duō.
女： 三 千 多。
Woman: More than 3000.

Shǒu biǎo duō shao qián mǎi de?
问： 手 表 多少 钱 买的？
Q: How much is the watch?

A 30 duō yuán 多 元
More than 30 yuan.

B 300 duō yuán 多 元
More than 300 yuan.

C 3000 duō yuán 多 元
More than 3000 yuan.

35. Nǐ tīng dǒng lǎoshī shuō shén me le ma?
女： 你 听 懂 老师 说 什么 了 吗？
Woman: Do you understand what the teacher said?

Méi yǒu, tā shuō de tài kuài.
男： 没 有，他 说 得 太 快。
Man: No, he speaks too fast.

Wǒ yě méi tīng dǒng, tā màn man shuō, wǒ kě yǐ tīng dǒng.
女： 我 也 没 听 懂，他 慢 慢 说，我 可以 听 懂。
Woman: I don't understand either. He said slowly. I can understand.

Wǒ men yì qǐ qù wèn wen tā, hǎo ma?
男： 我 们 一起 去 问 问 他，好 吗？
Man: Let's ask him together, OK?

Nán de shì shén me yì si?
问： 男 的 是 什么 意思？
Q: What does the man mean?

A tīng dǒng le 听 懂 了
Understood

B zài qù wèn wen 再 去 问 问
Ask again

C shuō de tài màn 说 得 太 慢
Teacher speaks too slow

二、阅 读 Reading
第一部分

共 5 题。试卷上有几张图片，每题提供一个句子，考生根据句子内容选出对应的图片。

The first part consists of 5 questions. There are several pictures on the test paper. Each question provides a sentence. Please choose the words from the choices provided to complete the sentences.

第 36-40 题

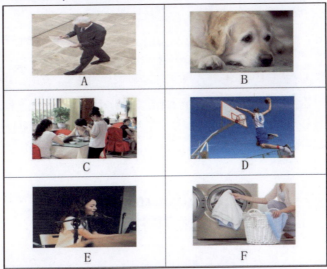

例如： Měi ge xīng qī liù, wǒ dōu qù dǎ lán qiú.
每 个 星 期 六，我 都 去 打 篮 球 。　　D
For example, every Saturday, I go to play basketball.

36. Xiǎo gǒu shēng bìng le, tā jīn tiān shén me dōng xi yě méi chī.
小 狗 生 病 了，它今天 什 么 东 西 也 没 吃。
The dog is ill, he didn't eat anything today.

37. Nǐ chàng de zhēn hǎo, zài chàng yí ge ba.
你 唱 得 真 好， 再 唱 一 个 吧。
You sing very well, let's sing another song.

38. Bié zǒu lù de shí hou kàn bàozhǐ, duì yǎnjing bù hǎo.
别 走路的 时候 看 报 纸，对 眼 睛 不好。
Don't read the newspaper while walking. It's bad for your eyes.

39. Wǒ dào jiā de shí hou, tā zhèng zài xǐ yī fu ne.
我 到 家的 时 候， 她 正 在 洗衣服呢。
She was washing clothes when I got home.

40. Fú wù yuán wèn :" nín xiǎng chī shén me?"
服 务 员 问：" 您 想 吃什么？"
The waiter asked, "what would you like to eat?"

151

第二部分

共 5 题。每题提供一到两个句子，句子中有一个空格，考生要从提供的选项中选词填空。

The second part consists of 5 questions. One or two sentences are provided for each question. There is a space in the sentence.

Please choose the words from the choices provided to complete the sentences.

第 41-45 题

    A 去年   B 比   C 希望   D 向   E 贵   F 事情
   Qùnián   bǐ   xīwàng   xiàng   guì   shì qing
   last year than hope towards expensive thing

例如：这儿的 羊 肉 很 好 吃，但 是 也 很 （ E ）。
Zhèr de yáng ròu hěn hǎo chī, dàn shì yě hěn
For example: The mutton here is delicious, but it is also very (E).

41. 请 进。你 找 我 有 什 么 （ ）？
    Qǐng jìn. Nǐ zhǎo wǒ yǒu shén me （ ）?
    Come in , please. What do you want from me?

42. 这 件 衣服 她（ ） 穿 过 一 次。
    Zhè jiàn yī fu tā （ ） chuān guo yí cì.
    This clothes she ( ) wore once

43. 女儿 笑 着 说，（ ） 明 天 是 个 晴 天。
    Nǚ'ér xiào zhē shuō, （ ） míng tiān shì ge qíng tiān.
    The daughter smiled and said, ( ) tomorrow is a sunny day.

44. 喂？你（ ） 右 边 看，看 见 了 吗？我 就 在 商 店 旁 边。
    Wéi? Nǐ （ ） yòubian kàn, kàn jiàn le ma? Wǒ jiù zài shāngdiàn pángbiān.
    Hello? You ( ) look to the right, see? I'm right next to the shop.

45. 女：你 今 天 身 体 怎 么 样？
    Nǐ jīn tiān shēn tǐ zěn me yàng?
    Woman: How are you today?

    男：（ ） 昨 天 好。
         （ ） zuó tiān hǎo.
    Man: ( ) yesterday good

第三部分

The third part, 5 questions in total. Each question provides two sentences. Candidates should judge whether the content of the second sentence is consistent with the first sentence.

第 46-50 题

例如：Xiànzài shì 11diǎn 30 fēn, tā men yǐ jīng yóu le 20 fēn zhōng le.
现在是 11 点 30 分，他们已经游了 20 分钟了。
For example: It's 11:30 and they have been swimming for 20 minutes.

★ Tā men 11 diǎn 10 fēn kāi shǐ yóu yǒng.
他们 11 点 10 分开始游泳。　　　　　　　　　(√)
They start swimming at 11:10.

Wǒ huì tiào wǔ, dàn tiào de bù zěn me yàng.
我会跳舞，但跳得不怎么样。
I can dance, but I can't dance very well.

★ Wǒ tiào de fēi cháng hǎo.
我跳得非常好。　　　　　　　　　　　　　　(×)
I dance very well.

46. Nǐ qù guo wǒ jiā ba? Tā jiā jiù zài wǒ jiā hòu miàn, bù yuǎn, hěn hǎo zhǎo.
你去过我家吧？他家就在我家后面，不远，很好找。
Have you been to my house? His house is behind my house, not far, it's easy to find.

★ Tā jiā lí wǒ jiā hěn jìn.
他家离我家很近。　　　　　　　　　　　　　( )
His house is very close to my house.

47. Mèimei xiàn zài shàngbān le, měi tiān dōu hěn máng, suǒ yǐ wánr de shí jiān hěn shǎo.
妹妹现在上班了，每天都很忙，所以玩儿的时间很少。
Younger sister is at work now, and she is very busy every day, so she has little time to play.

★ Mèimei gōngzuò hěn máng.
妹妹工作很忙。　　　　　　　　　　　　　　( )
Younger sister is busy at work.

48. Wǒ shì Zhāng Hóng, nǐmen de Hànyǔ lǎoshī, xué xí shí yǒu shén me
我是张红，你们的汉语老师，学习时有什么
I'm Zhang Hong, your Chinese teacher. If you have any questions during your study,

wèntí, kěyǐ lái wèn wǒ.
问题，可以来问我。
you can ask me.

★ Zhāng lǎoshī ràng xuésheng huídá wèntí.
张老师让学生回答问题。　　　　　　　　　　( )
Mr. Zhang asked the students to answer the questions.

153

49. Jīn tiān tiān yǒu xiē yīn, kě néng yào xià yǔ, děng tiānqì hǎo de shí hou
今天天有些阴，可能要下雨，等天气好的时候
It's a little cloudy today. It may rain. Go and buy a bike when the weather is good.

zài qù mǎi zì xíng chē ba.
再去买自行车吧。

★ Wài miàn zài xià yǔ.
外面在下雨。
It is raining outside.

50. Zhè xiē shū shì wǒ shēng rì nà tiān péngyoumen sòng de, wǒ xǐ huan
这些书是我生日那天朋友们送的，我喜欢
These books are from my friends on my birthday. I like

zhèxiē shū, wǒ bàba mā ma yě hěn xǐ huan.
这些书，我爸爸妈妈也很喜欢。
these books, and my parents like them very much.

★ Zhè xiē shū shì bàba māma sòng de.
这些书是爸爸妈妈送的。
These books are from my parents.

第四部分

共 10 题。提供 20 个句子，考生要找出对应关系。

The fourth part consists of 10 questions. 20 sentences will be provided. Please choose the sentences that correspond to the questions.

第 51-55 题

A　Tāmen liǎng ge rén zài wèn lù.
　　他们　两个人在　问路。
　　The two of them are asking for directions.

B　Shàng bān de shí hou, tā jué de hěn lèi.
　　上　班的　时候，他觉得　很　累。
　　He felt tired when he was at work.

C　Tài hǎo le, wǒ men míng tiān jiù qù mǎi.
　　太　好了，我们明　天　就去买。
　　Great. We'll buy it tomorrow.

D　Nǐ àn, tā jiào Wáng Xiǎo yǔ.
　　你看，她叫王　小　雨。
　　You see, her name is Wang Xiaoyu.

E　Tā zài nǎr ne? Nǐ kàn jiàn tā le ma?
　　他在哪儿呢？你　看见　他了吗？
　　Where is he? Did you see him?

F　Tā hěn gāo, yě hěn piàoliang, wǒ fēi cháng xǐ huan tā.
　　她很　高，也很　漂　亮，我非常　喜欢　她。
　　She is tall and beautiful. I like her very much.

　　　Tā hái zài jiàoshì li xué xí.
如：他还在　教室里　学习。　　　　　　　　　　　E
　　For example: He is still studying in the classroom.

　　　Zhōng guó rén de xìng zài míngzi de qián miàn.
51.　中　国　人的　姓在　名　字的　前　面。　　☐
　　The Chinese surname is in front of the name.

　　Tā zuó tiān shuì de hěn wǎn.
52. 他昨天　睡　得很　晚。　　　　　　　　　　☐
　　He went to bed late yesterday.

　　Nǐ jué de tā zěn me yàng?
53. 你觉得　她　怎　么样？　　　　　　　　　　☐
　　What do you think of her?

　　Méi wèn tí, wǒ gào su nǐ, qián bú shì wèn tí.
54. 没　问题，我告　诉你，钱　不是　问题。　　☐
　　No problem, I tell you, money is not a problem.

　　　Wǒ men yào qù Běijīng Dàxué, qǐng wèn zěn me zǒu?
55. 我　们　要去　北京　大学，请　问　怎么走？　☐
　　We're going to Peking University. How can I get there?

第 56-60 题

A 他在我们公司工作了两个月后去你们公司了。
Tā zài wǒmen gōngsī gōngzuòle liǎng ge yuè hòu qù nǐmen gōngsī le.
He worked in our company for two months and then went to your company.

B 早上有人给你送来一张机票。
Zǎoshang yǒu rén gěi nǐ sòng lái yì zhāng jī piào.
Someone brought you a ticket this morning.

C 我介绍一下，这是从上海来的李小姐。
Wǒ jiè shào yí xià, zhè shì cóng Shànghǎi lái de Lǐ xiǎojiě.
Let me introduce you, this is Miss Li from Shanghai.

D 她住得很远，我想送她回去。
Tā zhù de hěn yuǎn, wǒ xiǎng sòng tā huí qù.
She lives far away, I want to take her back.

E 他去看医生了。
Tā qù kàn yī shēng le.
He went to see a doctor.

56. 欢迎您来我们学校！
Huān yíng nín lái wǒmen xué xiào!
Welcome to our school!

57. 你怎么知道我要去中国？
Nǐ zěnme zhī dào wǒ yào qù Zhōng guó?
How did you know I was going to China?

58. 这药一天吃三次。
Zhè yào yì tiān chī sān cì.
Take this medicine three times a day.

59. 我做过很多工作，但做的时间都不长。
Wǒ zuò guo hěn duō gōng zuò, dàn zuò de shí jiān dōu bù cháng.
I've done a lot of work, but I haven't done them for a long time.

60. 谢谢你送我回来，我们明天见。
Xiè xie nǐ sòng wǒ huílai, wǒmen míng tiān jiàn.
Thank you for bringing me back, we'll see you tomorrow.

30. HSK1-2 词汇总表 Vocabulary

A

（一级）

ài
爱
to like, to love

B

（一级）

bā
八
eight

bà ba
爸爸
father

bēi zi
杯子
cup, glass

Běi jīng
北京
Beijing (capital of China)

běn
本
a measure word for books

bù kè qi
不客气
You're welcome, don't mention it

bù
不
no, not

（二级）

bái
白
white

ba
吧
used at the end of a sentence to indicate consultation, suggestion, request or command

bǎi
百
hundred

bāngzhù
帮助
to help, to assist, to aid

bào zhǐ
报纸
newspaper

bǐ
比
than, (superior or inferior) to

bié
别
don't

C

（一级）

cài
菜
dish, cuisine

chá
茶
tea

chī
吃
to eat

chū zū chē
出租车
taxi, cab

（二级）

cháng
长
long

chàng gē
唱歌
to sing

chū
出
to come/go out

chuān
穿
to wear, to put on

chuán
船
ship, boat

cì
次
time

cóng
从
from

cuò
错
wrong, incorrect

D

（一级）

dǎ diànhuà
打电话
to make a phone call

dà
大
big, (of age) old

de
的
used after an attribute

diǎn
点
o'clock

diànnǎo
电脑
computer

diàn shì
电视
television

Handa Chinese

diànyǐng 电影 — film, movie

dōng xi 东西 — thing, stuff

dōu 都 — both, all

dú 读 — to read

duì bu qǐ 对不起 — to be sorry

duō 多 — indicating degree or extent

duōshao 多少 — how many, how much

（二级） èr jí

dǎ lán qiú 打篮球 — to play basketball

dà jiā 大家 — all, everybody

dàn shì 但是 — but, still, yet

dào 到 — to arrive, to reach

de 得 — used after a verb or an adj. to introduce a complement of result or degree

děng 等 — to wait, to await

dì di 弟弟 — younger borther

dì yī 第一 — first

dǒng 懂 — to understand, to know

duì 对 — (used before a noun of pronoun) to, for

E

（一级） yī jí

ér zi 儿子 — son

èr 二 — two

F

（一级） yī jí

fàn guǎn 饭馆 — hotel, restaurant

fēi jī 飞机 — airplane

fēn zhōng 分钟 — minute

（二级） èr jí

fáng jiān 房间 — room

fēi cháng 非常 — very, extremely

fú wù yuán 服务员 — attendant, waiter/waitress

G

（一级） yī jí

gāoxìng 高兴 — glad, happy

gè 个 — a general measure word

gōngzuò 工作 — to work, job

gǒu 狗 — dog

（二级） èr jí

gāo 高 — tall, high

gào sù 告诉 — to tell

Handa Chinese

gē ge
哥哥
elder brother

gěi
给
(used after a verb) to, for

gōnggòng qì chē
公共汽车
bus

gōng jīn
公斤
kilogram

gōng sī
公司
company, firm

guì
贵
expensive

H

（yī jí 一级）

Hàn yǔ
汉语
Chinese(language)

hǎo
好
good, fine

hē
喝
to drink

hé
和
and

hěn
很
very, quite

hòumiàn
后面
back

huí
回
to come/go back, to return

huì
会
can, to be able to

（èr jí 二级）

hái
还
passably, fairly, rather

hái zi
孩子
child, yummy

hǎo chī
好吃
delicious, yummy

hào
号
number

hēi
黑
black

hóng
红
red

huānyíng
欢迎
to wolcome

huí dá
回答
answer

huǒchēzhàn
火车站
railway station

J

（yī jí 一级）

jǐ
几
how many

jiā
家
family

jiào
叫
to call, to be called

jīn tiān
今天
today

jiǔ
九
nine

（èr jí 二级）

jī chǎng
机场
airport

jī dàn
鸡蛋
egg

jiàn
件
(used for clothes among other items)piece

jiào shì
教室
classroom

jiě jie
姐姐
elder sister

jiè shào
介绍
to introduce, to recommend

jìn
进
to enter, to come/go in

jìn
近
near, close

159

jiù 就 used to indicate a conclusion or resolution	kě yǐ 可以 not bad	lèi 累 tired
jué de 觉得 to think, to feel	kè 课 class, lesson	lí 离 to be away from
K	kuài 快 fast, quick	liǎng 两 two
（yī jí 一级）	kuài lè 快乐 happy, glad	lù 路 road, path, way
kāi 开 to drive, open	**L**	lǚ yóu 旅游 to travel, to take a trip
kàn 看 to look at, to watch, to read	（yī jí 一级）	**M**
kànjiàn 看见 to see	lái 来 to come	（yī jí 一级）
kuài 块 a unit of money, same as "yuan"	lǎo shī 老师 teacher	mā ma 妈妈 mother
（èr jí 二级）	le 了 used at the end or the middle of a sentence to indicate a change or a new ciricumstance	ma 吗 used at the end of a question
kā fēi 咖啡 coffee	lěng 冷 cold	mǎi 买 to buy, to purchase
kāi shǐ 开始 to begin, to start	lǐ 里 inner, inside, interior	māo 猫 cat
kǎo shì 考试 test, exam	líng 零 zero	méiyǒu 没有 there is not
kě néng 可能 maybe, perhaps, probably	liù 六 six	méiguān xi 没关系 that's ok, it doesn't matter
	（èr jí 二级）	mǐ fàn 米饭 cooked rice

Handa Chinese

míngtiān
明天
tomorrow

míng zi
名字
name

**èr jí
（二级）**

mài
卖
sell

màn
慢
slow

máng
忙
busy

měi
每
every, each

mèimei
妹妹
younger sister

mén
门
door, gate

N

**yī jí
（一级）**

nǎ　nǎ ér
哪、哪儿
which, where

nà　nà ér
那、那儿
that, there

ne
呢
used at the end of a question

néng
能
can, may

nǐ
你
you (singular)

nián
年
year

nǚ ér
女儿
daughter

**èr jí
（二级）**

nán
男
man, male

nín
您
you

niú nǎi
牛奶
milk

nǚ
女
woman, female

P

**yī jí
（一级）**

péngyou
朋友
friend

piàoliang
漂亮
beautiful, pretty

píngguǒ
苹果
apple

**èr jí
（二级）**

pángbiān
旁边
beside

pǎo bù
跑步
to run, to jog

pián yi
便宜
cheap, inexpensive

piào
票
ticket

Q

**yī jí
（一级）**

qī
七
seven

qián
钱
money

qiánmiàn
前面
front

qǐng
请
(polite) please

qù
去
to go

Handa Chinese

（二级） èr jí

妻子 qī zǐ — wife
起床 qǐ chuáng — to get up, to get out of the bed
千 qiān — thousand
晴 qíng — sunny, fine, clear
去年 qù nián — last year

R

（一级） yī jí

热 rè — hot
人 rén — person, human
认识 rèn shi — to meet, to know
日 rì — sun, day, date

（二级） èr jí

让 ràng — to let, to allow

S

（一级） yī jí

三 sān — three
商店 shāngdiàn — shop, store
上 shàng — up, above
上午 shàng wǔ — morning, before noon
少 shǎo — little, few
谁 shuí — who, whom
什么 shénme — what
十 shí — ten
时候 shí hou — time, moment

是 shì — to be
书 shū — book
水 shuǐ — water
水果 shuǐguǒ — fruit
睡觉 shuìjiào — to sleep
说话 shuōhuà — to speak, to say
四 sì — four
岁 suì — year (of age)

（二级） èr jí

身体 shēn tǐ — body
生病 shēngbìng — to fall ill, to be sick
生日 shēng rì — birthday
时间 shí jiān — time
事情 shì qing — thing, matter, affair
上班 shàngbān — to work, to do a job

162

shǒubiǎo
手表
watch

shǒu jī
手机
cell phone

sòng
送
to send, to deliver

suǒ yǐ
所以
so, therefore

T

（一级）yī jí

tā
他
he, him

tā
她
she, her

tài
太
too, excessively

tiān qì
天气
weather

tīng
听
to listen

tóngxué
同学
classmate

（二级）èr jí

tā
它
it

tī zú qiú
踢足球
to play foodball

tí
题
question, problem

tiàowǔ
跳舞
to dance

W

（一级）yī jí

wèi
喂
hello, hey

wǒ
我
I, me

wǒmen
我们
we, us

wǔ
五
five

（二级）èr jí

wài
外
outer, outside

wán
完
to finish, to end

wán
玩
to play, to have fun

wǎnshang
晚上
evening, night

wèishénme
为什么
why

wèn
问
to ask

wèn tí
问题
question, problem

X

（一级）yī jí

xǐ huan
喜欢
to like, to be fond of

xià
下
under, below

xià wǔ
下午
afternoon

xià yǔ
下雨
to rain

xiānsheng
先生
Mr., sir

xiàn zài
现在
now

xiǎng
想
to want, would like

xiǎo
小
small, little

xiǎo jiě
小姐
miss, young lady

Handa Chinese

xiē 些 some, a few	xīn 新 new	(èr jí) （二级）
xiě 写 to write	xìng 姓 family name, surname	yán sè 颜色 color
xiè xie 谢谢 to thank	xiū xi 休息 to have or take a rest	yǎnjing 眼睛 eye
xīng qī 星期 week	xuě 雪 snow	yángròu 羊肉 mutton
xuéshēng 学生 student		yào 药 medicine, drug
xué xí 学习 to study, to learn	**Y**	yào 要 to want to, would like to
xuéxiào 学校 school	(yī jí) （一级）	yě 也 also, too
	yī 一 one	yǐ jīng 已经 already
(èr jí) （二级）	yī fu 衣服 clothes	yì qǐ 一起 together
xī guā 西瓜 watermelon	yī shēng 医生 doctor	yì si 意思 meaning
xī wàng 希望 to hope, to wish	yī yuàn 医院 hospital	yīn 阴 overcast, cloudy
xǐ 洗 to wash, to bath	yǐ zi 椅子 chair	yīn wéi 因为 because, since
xiàng 向 to face, towards	yǒu 有 to have, there be	yóuyǒng 游泳 to swim
xiǎo shí 小时 hour	yuè 月 month	yòubiān 右边 right, right side
xiào 笑 to smile, to laugh	yì diǎnr 一点儿 a few, a little	

Handa Chinese

yú
鱼
fish

yuán
元
yuan, currency unit of RMB

yuǎn
远
far, distant

yùndòng
运动
sport, to take physical exercise, to work out

Z

（yī jí
一级）

zài
在
to be in/on/at; in/on/at

zài jiàn
再见
to see you

zěn me
怎么
how

zěn me yàng
怎么样
how

zhè　　zhè ér
这（这儿）
this　(here)

Zhōngguó
中国
China

zhōng wǔ
中午
noon

zhù
住
to live, to stay

zhuō zi
桌子
desk, table

zì
字
character, word

zuótiān
昨天
yesterday

zuò
坐
to sit, to be seated

zuò
做
to make, to produce

（èr jí
二级）

zài
再
again, once more

zǎoshang
早上
morning

zhāng
张
one of the surnames in China

zhàng fu
丈夫
husband

zhǎo
找
to look for

zhe
着
used to indicate a state

zhēn
真
really, indeed

zhèng zài
正在
in the process of

zhī dào
知道
to know

zhǔn bèi
准备
to intend, to plan

zì xíngchē
自行车
bike

zǒu
走
to walk

zuì
最
most, to the greatest extent

zuǒbiān
左边
left side

词语简称表

Abbreviations of Word Classed

n.	noun	名词
pn.	proper noun	专有名词
v.	verb	动词
mv.	modal verb	能愿动词
a.	adj	形容词
pron.	pronoun	代词
num.	numeral	数词
m.	measure	量词
adv.	adverb	副词
prep.	perposition	介词
conj.	conjunction	连词
pt.	particle	助词
int.	interjection	叹词

恭喜你完成了 Phase 2 的学习！

Congratulations on completing Phase 2 learning!

姓名：

一 yī	二 èr
一 二 三 sān	一 冂 冂 四 四 sì
一 丆 五 五 wǔ	丶 亠 六 六 liù
一 七 qī	丿 八 bā
丿 九 jiǔ	一 十 shí
一 丆 丆 百 百 百 bǎi	一 二 千 qiān
一 丆 万 wàn	丿 亻 亿 yì
丨 卜 上 shàng	一 丅 下 xià

第1页 / 共25页

Name 姓名：

ノ人						ノ人个					
rén	rén					gè	gè				
人	人					个	个				

一ナ大						亅小小					
dà	dà					xiǎo	xiǎo				
大	大					小	小				

ノ 一 亠 牛 生						一ナ大太					
shēng	shēng					tài	tài				
生	生					太	太				

丨 冂 冃 日						丿 冂 月 月					
rì	rì					yuè	yuè				
日	日					月	月				

丨 山 山						丨 亅 水 水					
shān	shān					shuǐ	shuǐ				
山	山					水	水				

ノ 亻 亻 竹 你 你						一 二 十 扌 我 我 我					
nǐ	nǐ					wǒ	wǒ				
你	你					我	我				

ノ 亻 亻 他 他						ㄑ 夕 女 如 奵 她					
tā	tā					tā	tā				
他	他					她	她				

丶 丶 宀 它 它						一 ア 不 不					
tā	tā					bù	bù				
它	它					不	不				

第2页 / 共25页

Name 姓名：

丶 丶 氵 氵 沒 没	一 ナ 广 冇 有 有
méi　méi	yǒu　yǒu
没　没	有　有

一 二 三 手	丁 了
shǒu　shǒu	le　le
手　手	了　了

丿 几	〈 乂 女
jǐ　jǐ	nǚ　nǚ
几　几	女　女

丁 了 子	〈 乂 女 奵 妤 好
zi　zi	hǎo　hǎo
子　子	好　好

丨 冂 冂 冂 曱 里 黑 黑 黑 黑	〈 纟 纟 纟 红 红
hēi　hēi	hóng　hóng
黑　黑	红　红

丿 亻 亻 白 白	一 十 艹 艹 苎 苎 苎 苎 黄 黄
bái　bái	huáng　huáng
白　白	黄　黄

一 冂 冂 见	丿 八 父 父 爷 爷 爸 爸
jiàn　jiàn	bà　bà
见　见	爸　爸

〈 乂 女 奵 妈 妈	一 丆 丌 可 哥 哥 哥 哥 哥
mā　mā	gē　gē
妈　妈	哥　哥

Name 姓名：

丶丷丷兰兰弟弟							ㄑㄣ女 女 如 如 姐 姐						
dì	dì						jiě	jiě					
弟	弟						姐	姐					

ㄑㄣ女 女 妇 妹 妹							丶丷丷父爷爷						
mèi	mèi						yé	yé					
妹	妹						爷	爷					

ㄑㄣ女 奶 奶							丶 心 心 心						
nǎi	nǎi						xīn	xīn					
奶	奶						心	心					

丶一宀宀亠亠高高高高							丿亻ㅗ乍矢矢 矢 矢 矮 矮 矮						
gāo	gāo						ǎi	ǎi					
高	高						矮	矮					

丶丨忄忄忄快快							丶丨忄忄忄㣺忄悍悍悍慢慢						
kuài	kuài						màn	màn					
快	快						慢	慢					

一二 元 元 远 远 远							丶厂斤斤 近 近 近						
yuǎn	yuǎn						jìn	jìn					
远	远						近	近					

丨冂日日 时 时							丶丨门门问问间						
shí	shí						jiān	jiān					
时	时						间	间					

一二テ云运运							一二テ云 动 动						
yùn	yùn						dòng	dòng					
运	运						动	动					

丶 丨 门 门		ノ 亻 亻 们 们
mén　mén	men　men
门　门	们　们

丶 丶 宀 宀 宀 宁 安 客 客		ノ 亠 二 气
kè　kè	qì　qì
客　客	气　气

ノ ク タ 多 多 多		丨 小 小 少
duō　duō	shǎo　shǎo
多　多	少　少

ノ 一 二 仁 与 年		ノ 冂 月 月
nián　nián	yuè　yuè
年　年	月　月

丨 冂 曰 日		一 二 天 天
rì　rì	tiān　tiān
日　日	天　天

ノ 亻 ท 白 白 白 的 的		一 十 土 圠 地 地
de　de	de　de
的　的	地　地

ノ 亻 彳 彳 彳 彳 彳 得 得 得 得		一 十 土 耂 者 者 者 都 都
de　de	dōu　dōu
得　得	都　都

乛 力 也		丶 讠 讠 讠 讠 诮 诮 谢 谢 谢 谢
yě　yě	xiè　xiè
也　也	谢　谢

Name 姓名：

丁 又 对 对						ノ 上 仁 乍 车 车 钅 钅 钅 钅 钅 钅 钅 错 错 错 错						
duì	duì					cuò	cuò					
对	对					错	错					

一 丁 丁 乛 买 买						一 十 十 六 六 立 卖 卖						
mǎi	mǎi					mài	mài					
买	买					卖	卖					

丶 一 亠 尸 尸 户 房 房						丶 丨 门 门 间 间 间						
fáng	fáng					jiān	jiān					
房	房					间	间					

ノ 勹 勺 钅 饣 饭 饭						ノ 勹 勺 钅 饣 忄 忄 饣 馆 馆						
fàn	fàn					guǎn	guǎn					
饭	饭					馆	馆					

丨 冂 闩 日 旦 早						丨 冂 日 日 日' 日人 日免 日免 晚 晚						
zǎo	zǎo					wǎn	wǎn					
早	早					晚	晚					

丨 冂 冂 田 田 男 男						ㄑ ㄣ 女						
nán	nán					nǚ	nǚ					
男	男					女	女					

一 了 孑 孑 孑 孩 孩 孩						一 了 子						
hái	hái					zi	zi					
孩	孩					子	子					

一 丁 可 可 可						丨 以 以 以						
kě	kě					yǐ	yǐ					
可	可					以	以					

笔顺	拼音	字		笔顺	拼音	字
一 丁 卞 卉 讲 讲 进	jìn / jìn	进 进		一 厂 厂 二 平 来 来	lái / lái	来 来
丶 讠 讠 诌 诌 请 请 请 请	qǐng / qǐng	请 请		丶 门 门 问 问 问	wèn / wèn	问 问
一 二 千 禾 禾 和 和	hé / hé	和 和		了 又 对 对 对 难 难 难 难 难	nán / nán	难 难
丶 爫 爫 爫 爫 爫 爫 爫 爫 爱	ài / ài	爱 爱		乁 飞 飞	fēi / fēi	飞 飞
一 十 才 木 机 机	jī / jī	机 机		一 厂 厂 厂 西 西 票 票 票 票	piào / piào	票 票
丶 口 口 日 旦 旦 旦 星 星	xīng / xīng	星 星		一 十 廿 廿 甘 其 其 其 期 期 期 期	qī / qī	期 期
一 丁 工	gōng / gōng	工 工		丿 亻 仁 仁 仁 作 作	zuò / zuò	作 作
丶 丷 丷 ⺍ 学 学 学	xué / xué	学 学		一 十 才 木 术 术 杧 枋 校 校	xiào / xiào	校 校

一 † 耂 耂 老 老			丿 亻 厂 丿 丿 师 师	
lǎo lǎo		shī shī	
老 老		师 师	

丨 冂 冂 冋 同 同		丶 丶 丷 丷 ツ 学 学 学	
tóng tóng		xué xué	
同 同		学 学	

丿 八 公 公		一 十 卄 出 出 共	
gōng gōng		gòng gòng	
公 公		共 共	

丶 丶 氵 厂 汽 汽 汽		一 ㄣ 三 车	
qì qì		chē chē	
汽 汽		车 车	

凵 凵 屮 出 出		一 ㄧ 丅 禾 禾 利 和 和 租 租	
chū chū		zū zū	
出 出		租 租	

一 ㄣ 三 车		丨 口 口 日 虫 虫 贵 贵 贵	
chē chē		guì guì	
车 车		贵 贵	

丶 丶 氵 汉		丶 ㄧ 讠 讠 讠 讵 语 语 语	
hàn hàn		yǔ yǔ	
汉 汉		语 语	

丨 冂 口 中		丶 一 方 文	
zhōng zhōng		wén wén	
中 中		文 文	

笔顺	kè 客	kè 客					笔顺	qì 气	qì 气				
笔顺	xǐ 喜	xǐ 喜					笔顺	huān 欢	huān 欢				
笔顺	hē 喝	hē 喝					笔顺	chá 茶	chá 茶				
笔顺	tīng 听	tīng 听					笔顺	shuō 说	shuō 说				
笔顺	dú 读	dú 读					笔顺	xiě 写	xiě 写				
笔顺	diǎn 点	diǎn 点					笔顺	bàn 半	bàn 半				
笔顺	shuì 睡	shuì 睡					笔顺	jué 觉	jué 觉				
笔顺	shù 数	shù 数					笔顺	yǔ 与	yǔ 与				

第10页

笔顺	拼音	字
丶一方方	fāng	方
ノ人个	gè	个
一二手	shǒu	手
丶口口号	hào	号
一ノナ左左	zuǒ	左
丶䒑丬䒑首首首道道	dào	道
一丅丆襾襾更要要	yào	要
丿㇇ヨ月那那	nà	那
丿丨冂向向向	xiàng	向
丨⺊屮屮岁岁	suì	岁
一丨丿木札机	jī	机
一丆不石矴码码	mǎ	码
一ノナ右右	yòu	右
丶丷䒑⺌䒑龶青萅菒歉歉歉	qiàn	歉
丶一文文这这	zhè	这
丨口叮叮咛呀哪哪	nǎ	哪

一 乙 左 东 东		一 丁 丆 丙 西 西	
dōng dōng		xī xī	
东 东		西 西	

丿 八 亼 仒 会 会		丶 厶 仁 乍 台 育 能 能	
huì huì		néng néng	
会 会		能 能	

丶 丶 冫 氵 汀 沂 洒 酒 酒		丶 亠 广 庁 庄 店 店	
jiǔ jiǔ		diàn diàn	
酒 酒		店 店	

丶 丷 丷 亠 芢 肯 前 前		一 厂 广 后 后 后	
qián qián		hòu hòu	
前 前		后 后	

一 厂 厂 币 而 面 面 面 面		乛 力 力 边 边	
miàn miàn		biān biān	
面 面		边 边	

丿 几 月 月		丶 一 亠 六 古 亮 亮 亮	
yuè yuè		liàng liàng	
月 月		亮 亮	

一 ナ 大 太		阝 阝 阳 阳 阳 阳	
tài tài		yáng yáng	
太 太		阳 阳	

丶 一 亠 六 立 产 辛		一 丷 丷 艹 艿 苎 苦 苦	
xīn xīn		kǔ kǔ	
辛 辛		苦 苦	

笔顺	拼音	字
丨 冂 刀 见	jiàn	见
丶 讠 认	rèn	认
丿 人 从 从 丛 坐 坐	zuò	坐
丁 又 又 又 欢 欢	huān	欢
丨 丨 丬 丬 光 光	guāng	光
一 十 木 木 木 杯 杯 杯	bēi	杯
一 二 三 丰 邦 邦 帮 帮 帮	bāng	帮
丨 冂 月 月 且 助 助	zhù	助

笔顺	拼音	字
一 ノ ナ 才 在 在	zài	在
丶 讠 讠 识 识 识 识	shí	识
丨 卜 一 卡 卡	kǎ	卡
丿 乚 卬 卬 卬 迎 迎	yíng	迎
丨 丨 丨 丨 临 临 临 临 临	lín	临
丿 人 从 从	cóng	从
丶 丶 忄 忙 忙	máng	忙
一 フ 子 孑 孑 孑 予 预 预 预	yù	预

笔顺	拼音	字
丶 亠 讠 订 订	dìng dìng	订 订
丿 亻 亻 亻 住 住 住	zhù zhù	住 住
丿 亻 亻 亻 伍 伍 伊 便 便	biàn biàn	便 便
丶 丶 宀 宀 宁 宜 宜 宜	yí yí	宜 宜
一 十 才 木 机 机 相 相 相 想 想 想	xiǎng xiǎng	想 想
丶 丶 丶 四 四 四 产 产 爱 爱	ài ài	爱 爱
丨 丩 丩 丱 收 收	shōu shōu	收 收
一 丁 扌 扌 扩 护 护 挨 接 接	jiē jiē	接 接
一 丁 扌 扌 扫 找 找	zhǎo zhǎo	找 找
丿 𠂉 仨 仨 钅 钅 钅 钱 钱	qián qián	钱 钱
一 十 土 圹 场 场	chǎng chǎng	场 场
乚 纟 纟 纟 纟 纟 给 给 给	gěi gěi	给 给
丿 几 风 风	fēng fēng	风 风
一 丆 𠃑 雨 雨 雨 雨 雨	yǔ yǔ	雨 雨
一 丆 雨 雨 雨 雨 雨 雷 雷 雷 雷	léi léi	雷 雷
丨 口 口 甲 甲 𧾷 𧾷 趵 趵 路 路	lù lù	路 路

笔顺	一 = Ŧ 王 玎 玩 玩		笔顺	` ` 艹 关 关 送 送 送
wán	wán		sòng	sòng
玩	玩		送	送

笔顺	一 十 扌 打 打		笔顺	丨 冂 曰 曰 电
dǎ	dǎ		diàn	diàn
打	打		电	电

笔顺	` 讠 讠 计 计 许 话 话		笔顺	ノ 夕 夕 夕 名 名
huà	huà		míng	míng
话	话		名	名

笔顺	` 丷 宀 宀 宁 字		笔顺	丨 口 口 叫 叫
zì	zì		jiào	jiào
字	字		叫	叫

笔顺	ノ 亻 仁 什		笔顺	ノ 么 么
shén	shén		me	me
什	什		么	么

笔顺	一 十 扌 木 术 术 村 枦 村 枨 楼 楼 楼		笔顺	乛 一 尸 尸 尸 层 层
lóu	lóu		céng	céng
楼	楼		层	层

笔顺	一 十 扌 扌 抇 执 执 热 热 热		笔顺	` 冫 冫 冷 冷 冷 冷
rè	rè		lěng	lěng
热	热		冷	冷

笔顺	一 厂 广 三 至 至 医		笔顺	阝 下 阝 阝 阝 阝 院 院 院
yī	yī		yuàn	yuàn
医	医		院	院

一二厂开	く夕女女如始始
kāi　kāi	shǐ　shǐ
开　开	始　始

丶㇒⺊占卢卓卓桌桌	一十才木朾柠柠棒椅椅椅
zhuō　zhuō	yǐ　yǐ
桌　桌	椅　椅

丨口曰日甲里里	ノク夕列外
lǐ　lǐ	wài　wài
里　里	外　外

一十才木	一十土𡈼圹块块
mù　mù	kuài　kuài
木　木	块　块

ノ丿犭犭犷犷猎猫猫猫	ノ丿犭犭犷狗狗狗
māo　māo	gǒu　gǒu
猫　猫	狗　狗

一二十才禾禾和和	丨口日旦足足趵跟跟跟
hé　hé	gēn　gēn
和　和	跟　跟

一十才扌扩报报	㇀㇀纟纟红纸纸
bào　bào	zhǐ　zhǐ
报　报	纸　纸

ノ二三毛	ノ𠂉⺮竹竹笔笔笔笔
máo　máo	bǐ　bǐ
毛　毛	笔　笔

笔顺	拼音	字		笔顺	拼音	字
丿 一 仁 与 句 每 每	měi měi	每 每		一 十 土 干 卡 走 走	zǒu zǒu	走 走
一 十 土 扣 圳 地	dì dì	地 地		一 亠 方 方	fāng fāng	方 方
丿 人 介 介	jiè jiè	介 介		ㄥ ㄠ 纟 纟 绍 绍 绍	shào shào	绍 绍
丶 冫 冫 浐 泞 浐 浐 游 游 游	yóu yóu	游 游		丶 冫 氵 汀 汈 泳 泳	yǒng yǒng	泳 泳
丶 一 方 方 方 方 旅 旅 旅	lǚ lǚ	旅 旅		丿 彳 彳 行 行 行	xíng xíng	行 行
丨 冂 曰 甩 电	diàn diàn	电 电		丨 冂 日 日 旦 异 昌 导 界 景 景 影 影	yǐng yǐng	影 影
ㄋ 卩 阝 阝 阝 阡 陀 院 院	yuàn yuàn	院 院		丿 ㄱ 竹 竹 竺 竺 第 第 第	dì dì	第 第
丿 几 凡 风	fēng fēng	风 风		丶 一 户 户 户 启 扇 扇 扇	shàn shàn	扇 扇

笔顺	拼音	汉字
丶 冫 冫 冫 冰 冰	bīng	冰
丶 冖 宀 宀 安 安	ān	安
丨 阝 阝 阴 阴 阴	yīn	阴
丨 亅 丰 非 非 非 非	fēi	非
丿 彳 彳 彳 彳 很 很 很	hěn	很
丿 一 长 长	cháng	长
丶 一 亠 衣 衣 衣	yī	衣
一 艹 艹 艹 苎 苎 苹 苹	píng	苹
丿 ⺮ ⺮ ⺮ ⺮ 笁 笁 筘 箱 箱 箱 箱	xiāng	箱
一 厂 尹 而 而 雨 雨 雪 雪 雪	xuě	雪
丨 冂 日 日 旷 旷 旷 旷 晴 晴 晴 晴	qíng	晴
丶 丷 丷 丷 兴 兴 兴 带 常 常 常	cháng	常
一 十 广 古 古 古 直 直 真 真	zhēn	真
一 十 土 圹 圹 圹 城 城 城	chéng	城
丿 月 月 月 朋 服 服 服	fú	服
丨 冂 曰 曰 旦 甲 果 果	guǒ	果

笔顺	拼音	字		笔顺	拼音	字
一 一 一 西 西 西	xī / xī	西 西		一 厂 爪 瓜 瓜	guā / guā	瓜 瓜
、一 亠 一 立 产 亲 亲 新 新 新 新	xīn / xīn	新 新		一 ノ 下 不 不 还 还	hái / hái	还 还
、一 亠 一 立 亠 京 京 就 就 就 就	jiù / jiù	就 就		、一 广 广 广 疒 疒 病 病 病	bìng / bìng	病 病
丿 二 午 矢 矢 知 知 知	zhī / zhī	知 知		、、 丷 广 广 首 首 首 道 道	dào / dào	道 道
一 寸 寸 寸 过 过	guò / guò	过 过		、丶 宀 宀 宀 宀 宁 家 家 家	jiā / jiā	家 家
、丶 丷 丷 兰 产 羊 着 着 着 着	zhe / zhe	着 着		丿 夕 冬 刍 刍 急 急 急 急	jí / jí	急 急
丿 人 人 人 今 今 舍 舍 舍 舍 舒 舒	shū / shū	舒 舒		丿 冂 冃 月 月 服 服 服	fú / fú	服 服
一 ノ ナ 才 在 在	zài / zài	在 在		丿 ノ 个 乍 乍 作 怎 怎 怎	zěn / zěn	怎 怎

Chinese Character Practice

ノ 厶 么	一 † † 木 术 栏 栏 栏 样 样
me / me	yàng / yàng
么 么	样 样

丨 冂 口 叮 吖 叭 吧 唱 唱 唱	一 丁 一 日 旦 旦 畐 哥 哥 歌 歌 歌
chàng / chàng	gē / gē
唱 唱	歌 歌

一 二 三 手	一 一 十 士 声 表 表 表
shǒu / shǒu	biǎo / biǎo
手 手	表 表

丨 冂 口 吖 吃	一 丶 丶 艹 艹 芍 芍 药 药
chī / chī	yào / yào
吃 吃	药 药

一 ㇆ 已	乚 纟 纟 纟 纟 经 经 经
yǐ / yǐ	jīng / jīng
已 已	经 经

丨 门 冂 冃 冈 因	丶 丿 力 为
yīn / yīn	wéi / wéi
因 因	为 为

丿 冂 戶 戶 戶 所 所 所	乚 ㄥ 以 以
suǒ / suǒ	yǐ / yǐ
所 所	以 以

一 丶 丶 艹 艹 苎 苦 苦 苦	丿 一 十 手 舌 舌 舌 甜 甜 甜 甜
kǔ / kǔ	tián / tián
苦 苦	甜 甜

字帖练习

笔顺	拼音	字
丨 丨 丨 叮 吖 咖 咖 咖	kā	咖
丨 丨 丨 吖 吩 吩 吩 啡 啡 啡	fēi	啡
㇋ 又	yòu	又
一 厂 厂 厅 再 再	zài	再
丶 讠 讠 讠 讠 讠 讠 讠 谁 谁	shuí	谁
丶 丶 丨 忄 忄 忄 忄 忄 忄 忄 懂 懂 懂	dǒng	懂
一 厂 厂 月 月 耳 耳 即 聊 聊	liáo	聊
丶 讠 讠 讠 讠 讠 课 课	kè	课
一 厂 丆 石 石 矼 矸 矸 碌 碌 碗	wǎn	碗
丿 ㇒ 𠂉 竹 竹 竹 竹 筷 筷 筷 筷	kuài	筷
丶 丶 氵 氵 汤 汤	tāng	汤
丶 丶 氵 氵 汤 汤 汤 烫 烫	tàng	烫
㇆ 力 加 加 加	jiā	加
丶 讠 讠 让 让	ràng	让
一 厂 厂 戸 戸 或 或 或	huò	或
一 十 土 耂 耂 者 者 者	zhě	者

yán 颜	sè 色
yǎn 眼	jīng 睛
cì 次	shuāng 双
zhī 只	xiào 笑
suān 酸	là 辣
jiǎo 饺	zi 子
bāo 包	jiān 煎
chǎo 炒	zhà 炸

Name 姓名：

煮 zhǔ	蒸 zhēng
条 tiáo	片 piàn
半 bàn	离 lí
意 yì	思 sī
烧 shāo	烤 kǎo
牛 niú	羊 yáng
肉 ròu	鸡 jī
鸭 yā	鹅 é

Name 姓名：

píng 瓶	pán 盘
xiāng 香	sù 素
shū 蔬	cài 菜
jī 鸡	dàn 蛋
yú 鱼	kāi 开
jiào 教	shì 室
miǎn 免	fèi 费
gào 告	sù 诉

丶ノ一ナヂ产希希					丶亠亡亡切切叨叨望望望				
xī	xī				wàng	wàng			
希	希				望	望			

一一一一一百百事					丶丶忄忄忄忄忄情情情情				
shì	shì				qíng	qíng			
事	事				情	情			

一一ノノ゛゛゛゛゛等等等					一一千千禾禾利利利稍稍稍				
děng	děng				shāo	shāo			
等	等				稍	稍			

ノク久					丶丶宀宀宀完完				
jiǔ	jiǔ				wán	wán			
久	久				完	完			

ノ冂月月用					ノノイ彳彳彳往往				
yòng	yòng				wǎng	wǎng			
用	用				往	往			

一二三车车车 转转					丨口口				
zhuǎn	zhuǎn				kǒu	kǒu			
转	转				口	口			

丨口口厂足足足足跑跑跑					丨丨卜卜止步步				
pǎo	pǎo				bù	bù			
跑	跑				步	步			

一厂爪爪爪爪爬					丨卜止止此此些				
pá	pá				xiē	xiē			
爬	爬				些	些			

姓名：

tī	tī						qiú	qiú				
踢	踢						球	球				

tiào	tiào						wǔ	wǔ				
跳	跳						舞	舞				

yóu	yóu						yǒng	yǒng				
游	游						泳	泳				

qí	qí						qù	qù				
骑	骑						去	去				

zhǔn	zhǔn						bèi	bèi				
准	准						备	备				

kǎo	kǎo						shì	shì				
考	考						试	试				

chū	chū						tí	tí				
出	出						题	题				

cān	cān						táng	táng				
餐	餐						糖	糖				

Handa Chinese

《Basic Spoken Chinese》Phase2

著者：马小云　　宋子闻

Author: Mary Ma　　Mos Song

校对：董谊霞　　唐婷　　陈丽霞　　刘春莉　　胡萌

Proofreader: Winnie Dong, Sunny Tang, Kitty Chen, Lily Liu, Meng Hu

出版：联合文化出版社

United Culture Press

350 Northern Blvd STE324 -1331, Albany, NY 12204

www.ucp-book.com

版次：2022 年 12 月　第 1 版

印次：2022 年 12 月　第 1 次印刷

版式：平装

书号：ISBN 978-1-63995-218-2

未经许可，不得出于商业目的复制本书的任何部分，不得以任何形式或通过任何电子、机械、影印、录制或其他方式传播。

Without permission, no part of this book may be reproduced for commercial purposes, or transmitted in any form or by any electronic, mechanical, photocopying, recording or other means.

You can log in" http://sapientchina.com "**Choose a professional teacher to learn this Chinese course.**

All rights reserved 版权所有

定价：$19.8